Reinhold Stecher
Der blaue Himmel trügt

Reinhold Stecher

Der blaue
Himmel trügt

Erinnerungen an Diktatur und Krieg

Mit Aquarellen und Zeichnungen des Autors
Herausgegeben von Paul Ladurner

Tyrolia-Verlag · Innsbruck-Wien

Mitglied der Verlagsgruppe „engagement"

2018
© Verlagsanstalt Tyrolia, Innsbruck
Umschlaggestaltung: Tyrolia-Verlag
unter Verwendung eines Bildes von Reinhold Stecher
Layout und digitale Gestaltung: Tyrolia-Verlag
Lithografie: Artilitho, Lavis (I)
Druck und Bindung: L.E.G.O., Vicenza
ISBN 978-3-7022-3687-8 (gedrucktes Buch)
ISBN 978-3-7022-3688-5 (Ebook)
E-Mail: buchverlag@tyrolia.at
Internet: www.tyrolia-verlag.at

Inhaltsverzeichnis

Nachhall

Eine kleine Vorbemerkung

Wenn man mit den Erinnerungen in die unseligen Zeiten von 1938 bis 1945 zurückgreift, hat man fast das Bedürfnis, sich zu entschuldigen. Man fühlt sich wie ein redseliger Veteran. Und ich bin mir bewusst, dass diese Zeit, die für mich in der Gesamtbilanz persönlich, familiär, gesellschaftlich und politisch schrecklich war, kein Altgold heroischer Verklärung verdient. Aber andererseits gibt es heute so viele, die wissenschaftlich, literarisch oder journalistisch über diese Zeiten schreiben. Und es gibt viele wirklichkeitsverzerrende Filter, die da über die Darstellungen gelegt werden. Also ist es vielleicht auch berechtigt, wenn einer der noch verbleibenden Zeitzeugen das eine oder andere auch festhält.

Der blaue Himmel trügt

Frontflug über Karelien 1943

Der blaue Himmel trügt.
Die Wolken gaukeln
Friedensspiele vor.
Ihr Weiß hat keine Unschuld.
Sie sind nur Versteck
für Jäger und Gejagte.
Die Wälder und die Seen
unter mir – sie lügen alle.
Durch ihre Schönheit
schleicht der Tod zu Fuß,
durchquert die Sümpfe,
lauert in den Birken,
heult triumphierend
in der Flugbahn der Geschosse
und rastet dann
dort hinten,
rechts der Rollbahn,
auf dem Friedhof,
bei den vielen Kreuzen,
zufrieden aus.
Und er hat Grund dazu.

Verfluchter Flug,
du machst den Traum des Ikarus
zum Alptraum …

Wenn er jetzt
zur Wende ansetzt, der Pilot –
was wendet,
und wohin?
Der blaue Himmel trügt.
Mein Gott,
was ist aus deiner Welt geworden …

Reinhold Stecher

70 Jahre „Reichskristallnacht"
Vortrag am 9. November 2008

Es ist nicht leicht, als Zeitzeuge für diese dunkle Stunde des Landes eine Festansprache zu halten. Diese Nacht bietet eine Serenade des Grauens, ein Festival der Beschämung. Und vieles geht mir in diesem Augenblick durch den Sinn. Ich will versuchen, in die Skala der Gefühle ein wenig Ordnung zu bringen …

Das erste und unmittelbarste Gefühl war das *Entsetzen.* Ich kann mich noch erinnern, wie meine Mutter fassungslos zu mir gesagt hat: „Heute Nacht haben sie den lieben 88-jährigen Herrn Diamant ein paar Häuser weiter, an der Ecke Adamgasse–Salurner Straße, über die Stiege hinuntergeschlagen, dass die Blutspuren an den Wänden waren … Und der Herr Graubart ist tot …" Wir waren doch immer bei Graubart zum Schuhe-Einkaufen. Und immer war der Herr Graubart im Geschäft, ein freundlicher Herr, den meine Mutter gekannt hat, für mich der Inbegriff des seriösen Kaufmanns. Meine Mutter hat auch Angestellte von ihm gekannt, die immer betont haben, dass der Chef so korrekt und sozial sei … Und nun ist er tot. Einfach umgebracht. Nicht von irgendeinem Mob aus kriminellen Kreisen. Nein, Akademiker waren dabei, Hochschüler aus den einschlägigen Organisationen. Und da waren bei den Horrorgerüchten dann die Namen meiner ehemaligen jüdischen Mitschüler (sie waren alle rechtzeitig außer Landes gegangen), aber die Elterngeneration war vielfach noch da. Die Namen Bauer, Berger, Grünhut, Pasch … Und die Kurzmanns mit dem kleinen Geschäft in der Altstadt. Ihr Sohn ist der Einzige, der von meinen Mitschülern noch lebt –

in England. Er hat mir erzählt, wie er seine Eltern beschworen hat, doch auch mit ihm ins Ausland zu gehen. Sie wollten nicht. Der Vater hat gesagt, er sei doch Weltkriegsteilnehmer, mit Auszeichnungen, da könne doch nichts passieren … Sie sind geblieben und endeten in den Gaskammern … Wenn man diese Familienschicksale erlebt hat, befällt einen noch immer das lähmende Entsetzen. Wir wussten, welche Dämonie an der Macht war. Mein älterer Bruder hatte mit dem Gefängnis der Gestapo schon Bekanntschaft gemacht. Aber nun, in der „Kristallnacht", war sie in voller Wucht da, die „Stunde der Finsternis" – und mit ihr das Entsetzen.

Und das Zweite, das heraufsteigt, ist der *Zorn*. Ich habe meine Mutter noch nie so zornig gesehen. Ich lese jetzt gerade den Propheten Amos, den ältesten der Propheten. Er ist voller Empörung. Und seine Aufregung gilt nicht so sehr einer mangelnden Frömmigkeit, sein Zorn richtet sich gegen die Auflösung des Rechtsstaats. „Weh denen, die das Recht in bitteren Wermut verwandeln und die Gerechtigkeit zu Boden schlagen. Bei Gericht hassen sie den, der zur Gerechtigkeit mahnt, und wer Wahres redet, den verabscheuen sie … Ihr bringt den Unschuldigen in Not und verweigert dem Armen das Gericht …"

In der Kristallnacht hat der nationalsozialistische Staat sozusagen vor der Weltgeschichte feierlich seine Visitenkarte abgegeben, den Ausweis mit der fundamentalen Auflösung des Rechtsstaats. Die so genannte Volkswut war ja bestens organisiert: Sie spielten perfekt zusammen: Reichsregierung und Parteileitung, alle Dienststellen der SA und der SS, Sicherheitsdienst und Gestapo, Gauleiter und Kreisleiter, Stadtführung und die Schutzpolizei, die auf die verzweifelten Anrufe nicht reagieren durfte, Brandstifter und Mörder – und die verstummte Justiz. Und die Ermordeten und die 5000 zerstörten Synagogen und Geschäfte und die 30.000 Juden, die im Zusammenhang mit dieser Nacht in die KZs geliefert wurden. Das alles war nur ein Präludium für noch viel Schlimmeres. Aber die „Kristallnacht" war die feierliche Bankrotterklärung des Rechtsstaates. Der Staat und das organisierte Verbrechen waren identisch.

Es ist schwer, Entsetzen und Zorn über Ereignisse, die 70 Jahre zurückliegen, einer jungen Generation von heute nahezubringen. Der Zeitzeuge ist in der Generation der Urgroßväter. Und es ist sicher verkehrt, einer später geborenen Generation irgendwelche Schuldvorwürfe zu machen. Aber ich habe bei Jungbürgerfeiern immer versucht, ein wenig nahezubringen, was für ein Wert der Rechtsstaat ist. Ideal kann er nie ganz verwirklicht werden. Aber wer ihn fundamental auflöst, wie das Dritte Reich, der wird als Regierung moralisch illegal und den trifft zu Recht der Zorn des Amos, der damals auch ohnmächtig war, aber der durch das Buch der Bücher weitergeht, als Drohung für alle Verächter der Menschenrechte.

Nach Entsetzen und Zorn erfordert aber die Erinnerung an die „Kristallnacht" die Übersiedlung in den Raum des kühleren *Bedenkens*. Man muss die Hintergründe zu erfassen versuchen, den Wurzelverzweigungen des Hasses nachgraben, den Nährboden für Vorurteile, Sündenbocktendenzen, Horizontverengungen, Rassestolzdummheiten und Aberglauben.

Und da stoße ich unausweichlich auf den christlichen Antijudaismus. Er ist ein immer wieder auftauchendes Gespenst der abendländischen Geschichte und eine schwere Hypothek meiner Kirche.

Wenn man in die Welt mehr Licht bringen will, darf man den belastenden Schatten der Vergangenheit nicht ausweichen. Unser damaliger Professor für Kirchengeschichte, Josef

1. Station
Innsbruck, Mai 1938

Maaß SJ, der große Fachmann für Kirche und Politik, hat in der Vorlesung gesagt, wie wir auf die dunklen Dinge wie Hexenwahn und Judenhass und Ähnliches gestoßen sind: „Meine Herren, in der Kirchengeschichte gibt es nur eine Frage: Was ist gewesen und warum ist es dazu gekommen? Ob uns die Antwort passt oder nicht, es kann nur um die Wahrheit gehen, die man weder beschönigend verdrängen noch propagandistisch übertreiben darf …" Es ist in der Kirchengeschichte wie in der Weltgeschichte: Die verfälschenden Übermaler sind immer am Werk. Die Wahrheit kann zwar unangenehm und beschämend sein, aber sie macht nüchterner, bescheidener, demütiger, antitriumphalistisch, wachsamer, sensibler für Gefahren.

Derzeit ist in Tirol das Rundgemälde über die Bergiselschlacht 1809 im Gespräch. Ich habe für das Bildungsprogramm eigentlich ein anderes, größeres Rundgemälde der heimischen Geschichte im Auge, das nicht nur die heroischen und glanzvollen Seiten der Historie konserviert, sondern eben auch die Schatten. Und in dieses Rundgemälde gehört beides: Bergiselschlacht und „Kristallnacht". Und daraus sollte eine größere Sensibilität für Fehlentwicklungen der Vergangenheit und lauernde Gefahren der Gegenwart erwachsen, eine Sensibilität, die nicht nur dann reagiert, wenn irgendein Dummkopf in der Straßenbahn „Sieg Heil" schreit, sondern auch in den höheren Etagen der Tagespolitik, bei Parteilaufbahnen und parlamentarischen Spielen.

Aber wenn ich an die Schrecken der „Kristallnacht" denke, bewegen mich nach Entsetzen, Zorn und kritischer Analyse auch andere Gefühle. Ich fühle das Bedürfnis, mich zu *verneigen*.

Ich möchte mich verneigen vor den vielen unschuldigen Opfern. Sie sind im Frieden, weil Gott auf der Seite der Bedrängten und Verfolgten ist. Ich habe ein besonderes Bedürfnis, mich tief zu verneigen vor jenen großen Persönlichkeiten, die so Schreckliches erlebt, aber dann als Überlebende sich nicht nur tiefe Menschlichkeit bewahrt haben, sondern sich positiv für die Schaffung eines humanen Klimas und für Versöhnung eingesetzt haben. Ich darf hier zwei Beispiele erwähnen.

Das eine ist unser verehrter, nunmehr heimgegangener Prof. Jakob Allerhand, Universitätsprofessor für Judaistik in Wien. Ich war mit Sascha befreundet. Er hat mir seine Kindheit und Jugend erzählt. Als Zwölfjähriger ist er dem Todeslager entflohen. Über die Pripetsümpfe wurde das Waisenkind nach Sibirien verfrachtet, kam nach Kasachstan und dann auf abenteuerliche Weise in den Westen. Dieser Mann, mit dieser erschütternden Biografie, hat sich in Österreich immer für die Versöhnung von Kirche und Judentum eingesetzt. Und das ist bewundernswert. Denn wer so lange Bitterkeit im Leben gekannt hat, dem wäre nicht übelzunehmen, wenn er Verbitterung in sein Wesen aufgenommen hätte.

Ein zweiter Großer dieser Art, mit dem ich noch korrespondieren durfte, war Viktor Frankl, der Tiefenpsychologe und Schöpfer der Logotherapie. Ich bin auch dankbar, dass ich dieser für mich nicht selbstverständlichen Offenheit und positiven Einstellung bei Persönlichkeiten der Israelitischen Kultusgemeinde in Innsbruck begegnen durfte. Ich schenke ihnen allen im Gedenken an das, was sie erleben mussten, eine tiefe Verneigung.

Und schließlich ertönt aus diesem Gedenken gebieterisch ein Befehl, ein Appell, ein Impuls: *Verändern!*

Wir dürfen in diesem Gedenken nicht im Nostalgischen hängen bleiben, auch nicht in einer Nacht, in der uns das Böse in seinen Bann schlägt.

An sich leben wir ja in einer Epoche, in der sich die Innovationen und Veränderungen in allen Bereichen der Menschheit überschlagen. Aber wenn es um Veränderungen in tiefsitzenden Grundhaltungen geht, in jahrhundertelang eingefressenen und eingerosteten Vorurteilen und irrationalen Abwehrhaltungen, dann ist Veränderung gar nicht so einfach. Überkonservativ eingestellte Kreise stemmen sich in Teilen der Gesellschaft gegen derartige Veränderungen. Manchmal klammert man sich sogar an pseudoreligiöse Begründungen. Das haben wir in der Kirche in den mutigen Vorstößen Johannes' XXIII. und des Konzils zu spüren bekommen, als die Neugestaltung der Beziehungen zum Judentum auf dem Programm stand. Wer Mentalitäten verändern will, braucht eine tiefe Überzeugung und einen langen Atem der Geduld. Es ist bekanntlich auch mühsam und langwierig, kontaminierte Böden zu sanieren. Bei den Veränderungen gegen Antijudaismus und Antisemitismus geht es auch um giftige Altlasten am Grunde der Seelen.

Aber, meine verehrten Freunde, ein bisschen hat sich verändert. Ich war jahrzehntelang in Jugendarbeit und Schule. Ich weiß, dass der überwältigende Teil der jüngeren Generation mit diesen Vorstellungen von gestern und vorgestern nichts mehr am Hut hatte. Und ich freue mich über das herzliche Verhältnis zur Israelitischen Kultusgemeinde in Innsbruck und ihre Integration in der Öffentlichkeit. Sie ist nicht mehr eine isolierte Gruppe am Rande der Gesellschaft. Sie gehört zur Stadt und zum Land. Ich freue mich jedes Mal, wenn ich mit dem Bus durch die Sillgasse fahre und immer wieder eine Schulklasse vor der Synagoge stehen sehe zur Besichtigung – genau dort, wo sie vor 70 Jahren gebrannt hat. Ich freue mich, dass unser Kristallnachtdenkmal zwar nicht so imposant ist, aber dass es im Wettbewerb von jungen Menschen in den Höheren Schulen gestaltet wurde. Und ich freue mich, wenn der Verschönerungsverein zusammen mit der Stadt einen ehemaligen jüdischen Friedhof, der dem Judentum ja besonders heilig ist, eine würdige Gestaltung sichert, obwohl der Platz bei den meisten gar nicht mehr im Bewusstsein war.

Ich freue mich über diese Veränderung, zu der das Ansehen und die geistige Offenheit einer Persönlichkeit wie Frau Prof. Dr. Esther Fritsch, aber auch die der Stadtgemeinde und des Landes wesentlich beigetragen haben. Es hat sich doch auch ein wenig verändert. Und so zeigt auch die dunkelste Nacht unserer lieben Stadt einen hellen Streif am Morgenhimmel.

Das also ist die Skala der wechselnden Gefühle in diesem Gedenken von Entsetzen und Zorn, über kritisches Bedenken und ehrfurchtsvolle Verneigung bis zur hoffnungsvollen Veränderung mit dem Blick auf die Verwirklichung einer Zivilisation der Liebe.

Das Tischgebet der Tyrannei

Die Machtübernahme durch den Nationalsozialismus in Österreich hat unser junges Leben völlig verändert. Unser alter Geschichtslehrer hatte in der letzten Stunde noch gesagt: „In diesen Tagen entscheidet es sich, ob Österreich unabhängig bleibt oder nicht. Ich muss euch etwas sagen: Wenn Österreich ausgelöscht wird, gibt es in Mitteleuropa eine Machtzusammenballung, die sich weiter ausdehnen wird. Das werden die anderen nie hinnehmen. Es wird wieder zu einem Krieg kommen, den wir genauso verlieren werden wie den Ersten Weltkrieg …"

Mit dem 13. März 1938 wurde jeder, der nicht mitmarschierte, ein Staatsbürger dritter Klasse. Und wir konnten, im Glauben von Elternhaus und Jugendbewegung geprägt, nicht mitmarschieren. Wir haben auch nie daran geglaubt, dass es zwischen Christentum und Nationalsozialismus je einen Kompromiss geben konnte. Darum haben wir den Versuch Kardinal Innitzers, mit einer Gefälligkeitserklärung das Schlimmste von der Kirche abzuwehren, nie verstanden. Aber Innitzer war nicht einfach die Kirche. Für die treue Basis der Kirche begann sofort die Verfolgung. Im Gau Tirol war sie am radikalsten.

Ich glaube, dass ich hier das allgemein vermittelte Geschichtsbild etwas korrigieren muss. Eine spätere, bis in universitäre Kreise üblich gewordene Darstellung war bemüht, mithilfe der damals gedrehten Propagandafilme den Eindruck zu erwecken, dass im angeschlossenen Österreich alle nur gejubelt hätten. Aber die Tausenden (und ihre Familien), die allein in meiner engeren Heimat in jenen Tagen verhaftet wurden, der vollständigen Willkür ausgeliefert waren und zum Teil in die Konzentrationslager wanderten, wurden nicht auf Zelluloid gebannt. Es gab hierzulande kaum eine bekennende katholische Lehrerin oder einen Lehrer, der nicht strafversetzt wurde. Viele hat diese Strafversetzung – für die schon eine Mitwirkung in der Kirche genügte – in fremde Länder verschlagen. Die beruflichen Chancen waren allein von der Partei bestimmt. Das Spinnennetz der Überwachung legte sich über jedes kirchliche Leben. Ein Ausflug eines Kaplans mit vier Jugendlichen galt bereits als illegale Gruppenbildung. Mein kleiner Bruder wurde mit 15 Jahren verhaftet, weil er der Boss der Ministranten war.

Ich wollte nur sagen: Es gab viele kleine Leute, die sich nicht beugten und schwerste Schicksale auf sich nahmen. Es gab österreichische Beamte, die ohne Arbeit mit ihren Familien jahrelang in schwierigsten Verhältnissen gelebt haben; Seelsorger, die des Landes verwiesen wurden; Frauen, die man in die Gefängnisse verfrachtete, weil sie in der Pfarre oder einer Organisation der Kirche aktiv waren. Von all diesen Tausenden von kleinen Schicksalen gibt es keine Filme, keine Dokumentation und darum auch keine Berücksichtigung im heutigen Geschichtsbild. Die aktenkundige Dokumentation fehlt auch deshalb, weil die Kirche nach dem Krieg von sich aus keinen einzigen Prozess angestrengt hat. Es wären viele Hunderte fällig gewesen. Diese Haltung war vom christlichen Standpunkt aus richtig, für die spätere Darstellung der objektiven Gegebenheiten aber verhängnisvoll.

Und so kommt es immer wieder zur vorwurfsvollen Frage der später Geborenen: „Warum wart ihr damals nicht mutiger? – Warum hat sich niemand gewehrt?" Ganz abgesehen davon, dass Widerstand – auch in der geistigen Form – in einem derartigen System äußerst schwierig und immer mit Lebensgefahr verbunden ist: Es gab in jenen Tagen durchaus Bekennermut, auch wenn ihm keine Denkmäler gesetzt wurden.

Mir geht es nun um einen Augenblick, in dem sich der Ungeist der Zeit sozusagen konzentriert hat. Drei Tage nach der Matura kamen wir zum Reichsarbeitsdienst. Man nannte dieses erdbraune, mit blinkenden Spaten exerzierende Heer hochtrabend die „Schule der Nation". Ich war siebzehn Jahre alt und ging neun Monate durch diese Schule, die im Wesentlichen darin bestand, mit Schleiferei und Drill das Denken möglichst auszuschalten. In den ersten Wochen durfte man sich im Lager überhaupt nur laufend bewegen. Gehen war verboten. Das erhabene Erziehungsziel dieser „Schule der Nation" hatte ein großer Denker der Partei so formuliert: „Hart wie Kruppstahl, zäh wie Leder, flink wie die Windhunde". So versuchte man, uns zu formen.

Ein einigermaßen ruhiger Tagespunkt war das Essen, das heißt, wenn man endlich im Tagesraum hinter dem Tisch saß. Vorher wurden Stiefelputz und Fingernägel scharf kontrolliert, da man ja den ganzen Vormittag im Dreck gelegen war. Aber schließlich saß man also da und wartete auf seinen Schlag aus der Schüssel. Da der Teufel bekanntlich der Affe Gottes ist, versuchte man für das Tischgebet einen Ersatz im Geiste des tausendjährigen Reiches mit entsprechend markigen Sprüchen.

Ich werde den ersten Tischspruch im Refektorium dieser Ordensgemeinschaft nie vergessen:

„Es wird nicht eher Friede in Deutschland, als der letzte Jude am letzten Pfaffendarm erhängt ist."

Nach dieser richtungweisenden und appetitanregenden Parole brüllte der Feldmeister „Gut Hunger!" – und die Abteilung brüllte zurück und löffelte dann den Eintopf.

Damals rauchten die Verbrennungsöfen der Konzentrationslager noch nicht. Die große Tötungsmaschinerie war erst im Aufbau. Es wurde in den Lagern schon gemordet, aber noch nicht zu Hunderttausenden. Man hat sich redlich bemüht, das ideologische Vorfeld entsprechend zu bearbeiten – eben mit Stimmungsmache der oben genannten Art. Und alles eigene Denken wurde mit „Stillgestanden!", „Marschmarsch!", Spaten?griffen, Paradeschrittklopfen und Liedergebrüll, mit Bettenbau und Stiefelkult, mit Schinderei bei der Schwerarbeit der Entsumpfung und Herumjagen auf dem Exerzierplatz bis zum Todmüdewerden ausgeschaltet.

Man schluckt die Sprüche und die Propaganda wie die undefinierbaren Bestandteile des Eintopfs. Irgendetwas bleibt bei den meisten weit unter der Bewusstseinsschwelle hängen. Für uns gab es eine einzige Abwehrkraft gegen diesen Wahnsinn: den Glauben. Er hatte auf einmal einen ganz anderen Stellenwert als in der Kinder- und Jugendzeit, die auf einmal so weit weg war wie ein fernes Märchen.

Nach dem Reichsarbeitsdienst haben fünf der 130 jungen Menschen in diesem Lager mit dem Studium der Theologie begonnen. Insofern war die Schule der Nation eine Pleite. Die Hassparole dieses perversen Tischgebetes hatte für mich später eine selbstverständlich ungewollte, aber doch tiefere positive Bedeutung.

Eineinhalbtausend Jahre lang war – von kleinen Lichtblicken abgesehen – das Christentum zum Judentum in Feindstellung. Ich hatte später das Glück, Kirchengeschichte in unbestechlich objektiver und selbstkritischer Darstellung zu hören. Da wurden diese dunklen Ströme der Vorurteile, der falschen Bibelauslegung, des Aberglaubens, des Unrechts und der Gewalt sichtbar. Der christliche Antijudaismus ist eine schwere

Hypothek der Kirchengeschichte. Die Entfremdung der beiden monotheistischen Religionen, die sich an sich ja so nahe stehen, war tief und folgenschwer.

Im ordinären Tischspruch der „Schule der Nation" waren wir auf einmal nebeneinander und in einem Atemzug als Feind genannt, Zielscheibe desselben Hasses. Ich will die Verfolgung der Kirche mit dem Vernichtungsfeldzug gegen die Juden nicht auf eine Stufe stellen. Aber in den Geheimanweisungen der Gestapo und der Hauptakteure war die Kirche nach den Juden der große Staatsfeind. Ich glaube, dass diese Gemeinsamkeit ein wichtiger Beitrag für jene Wende war, die im Zweiten Vatikanum Gestalt annahm. Kreuz und Siebenarmiger Leuchter sind einander näher gerückt – mühsam, mit Schritten und Rückschritten, aber nicht mehr aufzuhalten.

Und so schreibt Gott immer wieder auf krummen Zeilen gerade. In diesem Fall hat sogar infernalischer Hass einen verborgenen Beitrag zu späterer Besinnung und Entdeckung tieferer Gemeinsamkeit bewirkt.

Der letzte Bauernaufstand

Im Jahre 1939 bin ich durch Zufall oder Fügung in eine Berufsgruppe hineingeraten, die es heute in dieser Form nicht mehr gibt. Aber durch Jahrhunderte hat ein Großteil aller Tiroler ihr angehört, manchmal bis zur Hälfte der bäuerlichen Bevölkerung. Eine besondere Aufmerksamkeit hat dieser Stand nie erhalten. Er bewegte sich immer im Schlagschatten der sozialen Bedeutungslosigkeit. Rückblickend hat man ja die dunkleren Seiten der „guten alten Zeit" sehr gerne mit dem besänftigenden Zauber der Nostalgie und mit patriotischen Erhabenheitsgefühlen zugedeckt.

Ich meine die Knechte und die Mägde.

Es war in unserem Tirolerland die Lebensform von vielen Tausenden. Manchmal mag ihr Schicksal durch echte Menschlichkeit der besitzenden Arbeitgeber gemildert worden sein. In vielen Fällen war es aber ein Leben ohne Perspektive. Man war bei äußerst bescheidenem Lohn in den Kammern der Knechte und Mägde untergebracht. Heiraten war unter diesen Umständen kaum möglich. Die dann vorhandenen ledigen Kinder hatten so wie ihre Mütter ein schweres Schicksal. Wie ich als Bischof in den Dörfern und Gemeinden die alten und kranken Leute besucht habe, bin ich immer wieder auf solche Schicksale gestoßen, die alles andere als ein Ruhmesblatt für ein christliches Land darstellten. Im älteren Tiroler Volksliedgut gibt es eine Reihe von Spottliedern über diese Habenichtse, die als höchstes Lebensziel den Stand des Kleinhäuslers vor sich hatten. Ich danke Gott, dass es diesen Stand heute in unserem Land kaum mehr gibt. Ein Landarbeiter unserer Tage ist etwas ganz anderes. Da gibt es Standesvertretung und soziale Gesetze, Krankenversicherung und fachliche Ausbildung. Und wo die Gesetze umgangen werden, drohen saftige Strafen.

Ich bin noch einmal mit der Lebenswirklichkeit der Knechte und Mägde konfrontiert worden – und ich bereue diese beiden Monate Ernteeinsatz im Rahmen des Reichsarbeitsdienstes nicht … Sie sind *ein* Grund für meine Zurückhaltung gegenüber der „guten alten Zeit". Ich war Arbeitsmann im RAD (Reichsarbeitsdienst), ein auf Schliff und Schinderei basierendes Unternehmen, dem man damals den stolzen Titel „Schule der Nation" gab. Das Erziehungsziel war so umschrieben: „Flink wie die Windhunde, zäh wie Leder, hart wie Kruppstahl".

Ich wurde also aus dem Lager zum Erntedienst abgestellt, was man zunächst mit einer gewissen Erleichterung zur Kenntnis nahm, weil man damit dem unerträglichen Drill etwas auszukommen hoffte. Mein Arbeitsplatz, dem ich zugewiesen wurde, war ein Gasthaus mit großer Landwirtschaft. Es gab dort drei Knechte und eine Dirn – und sie waren alle dienstverpflichtet. Der Besitzer trug das Parteiabzeichen. Vielleicht bekam er deshalb mich als billige Verstärkung dazu (mein Tagesverdienst war 25 Pfennig – eine Semmel und ein Päckchen Brausepulver im Wert).

Es war die Zeit der Heuernte und ich hatte einen Zwölfstundentag. Um sieben Uhr abends musste ich ins Quartier der kleinen Abteilung einrücken und dort wurden wir dann noch mit einer Stunde Exerzieren beglückt.

Ich bekam neben der Heuarbeit auch den Stall zugewiesen – für die niederen Dienste wie Ausmisten und Füttern. Ich war von meinen Kinderferien her die Heuarbeit gewohnt, aber das war in Südtirol, mit lieben Menschen und dem wunderbaren Bergheu auf 1400 m Höhe. Ich habe also beim Arbeitseinsatz in diesem Bauernhof die gleichen Arbeiten gemacht wie die Knechte. Und so habe ich diese kleine Welt im Schatten der Gesellschaft kennengelernt. Ich war damals 17 Jahre alt und sicher nicht verwöhnt, aber der hier gebotene Standard war unterklassig. Der auf die Wiese mitgegebene Most war so sauer, dass ich Magenweh bekam. Am Abend habe ich nach zwölf Stunden Arbeit nie etwas anderes bekommen als ein paar Kartoffeln und Salat.

Wie ich einmal im Zuge meiner Tätigkeit in Stall und Stadel ein illegales Nest der Hennen mit über 30 Eiern fand, habe ich natürlich die 30 Eier dem Wirt gebracht. Er hat sie kommentarlos zu sich genommen und mir kein einziges geschenkt. Ich hatte umsonst mit einem Spiegelei auf den Kartoffeln am Abend gerechnet.

Die Hennen hatten so viel Einsicht und haben noch ein zweites geheimes Eiernest im Stadel angelegt. Es enthielt etwa 20 Eier. Von denen hat der Chef kein einziges bekommen. Ich war damals noch nicht moraltheologisch gebildet, aber ich habe gefühlsmäßig doch das getroffen, was die Moraltheologen eine „berechtigte geheime Wiedergutmachung" (occulta compensatio) nennen.

So war das Klima. Knechte und Mägde wurden ausgenützt. Damals unter dem Schutz eines Systems, in dem viele Menschen praktisch rechtlos waren gegenüber den Günstlingen der Mächtigen.

Unser Großknecht, der eigentlich die Verantwortung für die ganze Landwirtschaft trug, war ein Mensch mit Charakter, mit Sachverstand und Können, und einem eher zurückhaltenden und ruhigen Wesen.

Zum Mittagessen saßen wir am Gesindetisch. Das Essen, das wir bekamen, war – gelinde gesagt – bescheiden. In den

Gaststuben schwelgten die Gäste – es war ja noch kein Krieg – aber diese Genüsse gingen an uns vorbei. Wir waren abonniert auf geröstete Reste – für das, was bei den Gasttischen übrig blieb. Sehr anregend war das nicht, aber die Köchin regierte mit souveräner Hand. Sie war eine enge Verwandte des Wirts und der Gesindetisch war natürlich nicht gerade das besondere Objekt ihrer kulinarischen Künste. Aber wir waren von der schweren Arbeit hungrig und löffelten hinein, was da kam. Besagte Köchin war eine imposante Erscheinung, wohlgenährt und raumfüllend. Da ich später viel mit kirchlicher Architektur zu tun hatte, erinnerte sie mich immer an eine große barocke Kirche mit mehreren Kuppeln und Seitenkapellen.

Eines Tages brachte sie wieder die Pfanne mit dem ominösen „Gröstl" zum Gesindetisch, stieß sie lieblos hin und wendete sich zum Gehen. Vom Gröstl ging ein intensiver Geruch aus, der verriet, dass die Bestandteile dieser Küchenproduktion eher in den Abfallkübel gehört hätten.

Und dann geschah das Unerhörte, nie Erwartete:

Der sonst so gemessen ruhige und stille Großknecht erhob sich, ergriff die Gröstlpfanne und schleuderte das ganze Gröstl der Köchin ins Kreuz. Es war großartig! Ich gestehe, dass ich heute noch eine tiefe Freude über diesen Anblick nicht unterdrücken kann. Das stinkende Gröstl verteilte sich, soweit es nicht am Boden lag, auf die rückseitige Architektur der Köchin, klebte an den Gesimsen, Rundungen und Kuppeln. Die also Attackierte entfloh schimpfend und schreiend in die Küche.

Das war der letzte Tiroler Bauernaufstand, den ich erleben durfte. In den sozialen Hintergründen hatte er durchaus Ähnlichkeit mit den Ereignissen von 1525 und 1526, aber er war natürlich harmloser als die Aktionen Michael Gaismairs.

Er war jedenfalls nicht ohne Wirkung. Das Essen wurde besser. Vor einiger Zeit bin ich in derselben Stube gesessen, diesmal als Ehrengast. Da war kein Gesindetisch mehr, sondern eine luxuriös-anheimelnd eingerichtete Extrastube eines Spitzenrestaurants. Das Haus hatte schon längst andere Besitzer. Nichts erinnert mehr an damals. Aber als ich das piekfeine Abendmenü vor mir hatte, ist wieder die Erinnerung aufgestiegen an die „gute alte Zeit".

Die Ereignisse um Maria Waldrast und die Folgen

Dass ich überhaupt in den Wirbel um die Aufhebung des Wallfahrtsortes Maria Waldrast hineingezogen wurde, war eigentlich ein Zufall.

Wir hatten als Theologen nach der Aufhebung des Canisianums und der Theologischen Fakultät nach zweimaliger Vertreibung in der Pension Kraft, dem Haus des Innsbrucker Arztes Dr. Hermann Flora, dem heutigen Bildungshaus St. Michael, Unterschlupf gefunden. Im Laufe des Jahres 1940 wurden wir auch von dort innerhalb von drei Stunden durch die Gestapo verjagt. Unvergesslich bleibt mir die mutige Gastfreundschaft der Bevölkerung von Schöfens, Matrei und Navis, die uns sofort aufgenommen und gut versorgt hat.

Aber auch das war nicht von Dauer. Das Priesterseminar von Innsbruck musste im Herbst 1940 nach St. Georgen am Längsee als Gast beim Seminar von Gurk-Klagenfurt übersiedeln. Die abenteuerliche Unruhe dieser kurzen Zeit zwischen Reichsarbeitsdienst und Wehrmacht hat uns zwar seelisch nicht besonders gestört – es war Krieg und man wartete auf die Einberufung –, aber für das theologische Niveau war sie nicht besonders förderlich.

So kamen wir 1941 zu den Osterferien von Kärnten nach Hause und trafen uns (eine Gruppe von Theologen) bei der uns bekannten jungen Familie des Dr. Sepp Mayr in Schöfens. Bis zum heutigen Tag kann ich auf der Fahrt nach St. Michael nicht ohne Bewegung an dem kleinen Haus mit den alten Fresken vorbeifahren und auch nicht am Hof der Familie Hilber unter dem Schloss Arnholz, bei der ich eine Zeitlang wohnen durfte.

In der Stube des Dr. Sepp Mayr (er stand im Dienst der Diözese) war eine fröhliche Runde beisammen. Dabei wurde auch von der Aufhebung der Waldrast und einer Wallfahrt dorthin gesprochen. Da ich aber in der Küche als Gehilfe beim Abspülen tätig war, habe ich die Details gar nicht so mitbekommen. Der Neupriester Georg Schuchter hatte die Jugendseelsorge in Schönberg und Mieders. Wir fuhren mit dem Rad nach Innsbruck zurück. Georg Schuchter bog nach Schönberg ab. Er hat dann dort die Leute wegen der Wallfahrt verständigt.

Wenige Tage später erfuhr ich in Innsbruck von der Protestwallfahrt in Maria Waldrast. Vor der versperrten Kirche hatten hunderte von Menschen aus dem Wipp- und Stubaital Rosenkranz gebetet. Als ich von einem Gang in die Stadt nach Hause kam, sagte mir meine Mutter, die Gestapo sei hier gewesen. Ich müsste mich in der Herrengasse im Hauptquartier melden. Ich packte gleich mein Waschzeug zusammen. Gestapo hieß Haft. Mein älterer Bruder, der Franziskanertheologe in Salzburg war, hatte schon mehrere Wochen dieser Haft hinter sich.

Ich muss gleich vorweg sagen, dass ich bei der Gestapo nicht geschlagen wurde. Ich wurde wohl in rüdem Ton (mit wechselnden sanfteren Einlagen) und ständigen Drohungen verhört. Die Drohung bestand immer in der Überstellung ins KZ. Im Gegensatz zu anderen Leuten wusste ich genau, was das KZ war – und dass es von dort normalerweise kein Wiederkommen gab. Von der Zusammenkunft in Schöfens wussten sie. Da gab es nichts mehr zu verbergen. Ich sagte ihnen ganz offen, dass mir kein Gesetz bekannt sei, das eine Wallfahrt verbiete. Dass in den Gemeinden eine Wallfahrt organisiert wurde, sei für mich grundsätzlich nichts Bedenkliches gewesen. Nähere Details wusste ich sowieso nicht. Was sie

– auch in späteren Verhören – unbedingt wissen wollten, waren Namen. Namen von Jugendlichen in Schönberg, Mieders und Matrei. (Es war ja praktisch jede Art von Jugendseelsorge verboten.) Die Angabe von Namen habe ich verweigert. Ich wusste, was dann das Schicksal dieser Leute gewesen wäre. Nach längerem Toben ließen sie mich das Protokoll unterschreiben. Zwischen dem Text und der Unterschrift klaffte ein verdächtig großer Zwischenraum. Ich setzte meine Unterschrift ganz knapp unter die letzte Zeile. Das brachte sie erneut in Rage. (Tatsächlich erfuhr ich später, dass sie in einem Zwischenabsatz des Protokolls dann doch erfundene Aussagen eingefügt hatten.)

Ich wurde dann in das Landesgerichtsgefängnis, genannt „die Schmerlinger Alm", in der Fallmerayerstraße eingeliefert. Ich wusste, dass die ganze Runde von Schöfens in Haft war: Dr. Sepp Mayr, Neupriester Georg Schuchter, der Theologe Hermann Lugger und der Theologiestudent Toni Hilber. Dort wurde ich zunächst den dortigen Beamten übergeben. Einer sah vom Schreibtisch auf und sagte mit dem Blick auf mich: „Jetzt sperren sie schon die Buben ein …". Ich war zwar 19 und hatte schon neun Monate Reichsarbeitsdienst hinter mir, aber ich muss einen etwas jüngeren Eindruck gemacht haben.

Auch im Landesgerichtsgefängnis wurde ich nicht körperlich misshandelt. Ich war in Einzelhaft. Das Essen bestand am Morgen aus einer kleinen Kasserolle mit einem undefinierbaren schwarzen Kaffee und einem Stück Brot, mittags kam die Kasserolle mit irgendeiner Suppe oder einem Brei und abends gab es ein Stück Brot mit einem kleinen Dreieckskäse. Es war bescheiden und Turnübungen waren bei diesem Nachschub nicht mehr angesagt. Die einzigen Unterbrechungen waren die sehr belastenden Verhöre der Gestapo, zu denen ich mehrmals abgeholt wurde. Sonst kam nur jeden Tag die so genannte „Visite". Da wurde die Türe aufgerissen, der Chef des Traktes erschien mit Gefolge, man musste sich an die Wand stellen und laut den Namen und das Verbrechen sagen, weshalb man in Untersuchungshaft saß. Die beiden Nachbarn zur Zelle links und rechts schrien: „Bin hier wegen Postraub" und „Bin hier wegen Totschlag" (er hatte seine Tante mit dem Zapin erschlagen). Ich sagte immer: „Untersuchungsgefangener Reinhold Stecher, bin hier wegen Wallfahrt." Das passte ihnen nicht. Mein Verbrechen entsprach nicht dem Milieu: „Sie gehören nicht hierher", fuhr mich der Beamte an. Ich wusste, wie er es meinte – ich sei ein „Politischer" und kein „Krimineller". Ich gehöre also in das Gefängnis der Gestapo. Aber ich konnte seiner Aussage grundsätzlich nicht widersprechen.

Die Wochen vergingen. Wir durften keinen Besuch erhalten. Und weil ich ein „Politischer" war und kein „Krimineller", erhielt ich nicht die Erlaubnis, eine Heilige Schrift zu bekommen. Ich erhielt nur nichtssagende Lektüre. Ich habe dann für eine Innsbrucker Firma Zeitungsmappen geklebt, wie man sie in den Kaffeehäusern findet. (Später habe ich die einzigen handwerklichen Produkte meines Lebens in Innsbrucker Cafés angetroffen.) Es war natürlich verboten, zum kleinen Fenster hinaufzuklettern. Aber ich habe es doch getan. Von dort ging nämlich der Blick direkt zur Konditorei Köberl, und dieser Blick war entnervend. In der Nacht ging ich im Traum immer einkaufen, und wenn ich zu essen anfing, wachte ich auf. Auf den Straßen hörte man in dieser Zeit das Sieg-Heil-Gebrüll aus den Lautsprechern, weil die Deutschen in Paris einmarschiert waren. Wenn heute manche Leute vom „mangelnden Widerstand" der Menschen gegen Hitler reden – die haben alle keine Ahnung, wie isoliert, vergessen, hilf-, wehr- und rechtlos man in einem solchen

2. Station
Gestapogefängnis Innsbruck, April 1941

Staat ist. Es gab keinen Verteidiger und kein Gesetz, keine Verhandlung und kein Gericht. Es gab keinen Rechtsstaat, nur Verhöre. Man wusste, dass irgendeine Schreibkraft im Hauptquartier des Sicherheitsdienstes das Urteil und das darauffolgende Schicksal in eine Schreibmaschine hämmern würde.

Eines haben mir die langen Wochen der Isolation gebracht: die Neuentdeckung des Rosenkranzes, der ja nun nicht gerade das beliebteste Gebet meiner Jugend gewesen war.

Ich habe auch eine Erfahrung gemacht, an die ich sonst nicht so recht geglaubt hätte, als ich sie viele Jahre später auch als Erfahrung der Opfer rotchinesischer Gehirnwäsche las: Wenn man völlig isoliert ist und nur in Verhören bearbeitet wird, halbverhungert, ungepflegt, im Sträflingskleid – bekommt man trotz eines völlig reinen Gewissens das Gefühl, ein Verbrecher zu sein. Erst wenn man wieder in seiner Zelle mit sich allein war, gelang es, die Dinge wieder zurechtzurücken und sich zu sagen: „Nun, die Verbrecher sind natürlich die brutalen Machthaber auf der anderen Seite … und Wallfahrt ist kein Verbrechen, sondern eigentlich eine recht gottgefällige Sache, auch wenn sie gleichzeitig ein Protest gegen die Tyrannei ist."

So hatte ich zwar kein schlechtes Gewissen, aber natürlich eine im Hintergrund lauernde Angst. Einmal haben mir die Gefängnisbeamten für ein paar Tage einen Häftling in die Zelle gebracht mit dem Auftrag, ich solle ihn beruhigen. Er hätte durchgedreht. Es war ein Geschäftsmann von 50 Jahren, der auf Schubhaft war, weil er als Freimaurer angezeigt worden war. Ich hatte keine Ahnung von der Freimaurerei, die uns ja nur als kirchenfeindlich bekannt war – und wurde zum ersten Mal etwas in diese Welt eingeweiht. Er erzählte von der Art ihrer Zusammenkünfte und ihren geheimen Verbindungen. Jedenfalls hat ihn das Reden beruhigt – was daran gestimmt hat, weiß ich nicht.

Und eines Nachmittags im Juni hieß es, ich würde ins Polizeigefängnis verlegt (dieses war im Hinterhof des Hotels „Sonne" am Bahnhof, Ecke Salurner Straße). Und damit wurde die Lage dramatisch. Es war ein Donnerstag und als ich ins Polizeigefängnis eingeliefert wurde, sagte ein älterer Beamter zu mir: „Heißen Sie Stecher? – Sie sind morgen auf der Liste für den Transport ins KZ." Der Freitag war immer der gefürchtete KZ-Tag, an dem man zu zwei und zwei zusammengefesselt und nach Dachau transportiert wurde. An diesem Abend durfte ich zum ersten Mal mit meiner Mutter sprechen und musste ihr sagen, dass ich am nächsten Tag ins KZ käme.

Sie ist sofort in ihrer Verzweiflung zum Bischof Dr. Rusch gegangen. Soviel ich später hörte, hat er über einen hochgestellten SA-Führer in einem anderen Gau eine Intervention versucht. Es kann sein, dass es etwas genützt hat. Es kann auch sein, dass ich für das KZ etwas zu jung war und dass man mich lieber als Kanonenfutter für die Front verwenden wollte. Jedenfalls kam ich nicht ins KZ.

Beim Rundgang im Hof lernte ich den H. H. Zotz, Pfarrer von Landeck, kennen. Er war sehr verzweifelt. Er war nämlich in Landeck von einem Parteigenossen denunziert worden, wurde vor Gericht freigesprochen und beim Verlassen des Gerichts von der Gestapo verhaftet und saß nun seit einem Jahr im Polizeigefängnis. Eine derartige Willkür nannte man „Schubhaft". Er ist wenige Tage nach mir frei gekommen und wurde dann ermordet.

Die Zusammensetzung der Häftlinge des Polizeigefängnisses, in dem die Willkür der SS noch mehr präsent war als im Landesgericht, glich übrigens fast einem katholischen Bildungshaus. Es gab auch einen Kommunisten und einen aufrechten Nationalen, der mit der Partei gebrochen hatte, einige Landstreicher und politisch Unvorsichtige – der Großteil aber entstammte dem bekennenden katholischen Milieu – Pfarrer, Kapläne, Ordensleute, Frauen und Männer aus den Laienorganisationen und wir Theologiestudenten. In unserem Land war dies der geistige Widerstand, der zahlenmäßig ins Gewicht fiel. Und darin lag auch die Nervosität der Gestapo rund um die Ereignisse der Waldrast.

Am 23. Juni wurde ich entlassen. Ich musste eine Erklärung unterschreiben, dass ich beim geringsten Widerstand gegen die Staatsgewalt mit der sofortigen Einweisung ins KZ zu rechnen hätte. Und dann ist das Tor des Polizeigefängnisses aufgegangen. Ich war in der Adamgasse, der Straße, wo ich wohnte. Der Weg ins Glück war nur 200 Meter weit.

Zu Hause erfuhr ich erst alles andere: Dass das Gnadenbild heimlich entwendet worden war und dass zunächst etwa 60 Verhaftungen getätigt wurden. Der Gestapo gelang es nicht, die Diebe des Gnadenbildes und dieses selbst zu entdecken. Es war inzwischen schon in einem Acker in Schöfens vergraben und wurde später ins Rheinland verbracht.

Die eigentliche Stunde der Befreiung schlug für mich mit der Kapitulation Deutschlands, die ich nach vier Jahren Fronteinsatz im Trondheimfjord erlebte. Und damit begann das Leben zum zweiten Mal. Aber vielleicht wird man verstehen, warum mir Maria Waldrast so sehr ans Herz gewachsen ist.

Großer Brauner und Faschingskrapfen

Der Zug, den ich in Innsbruck erwarte, hat eine Stunde Verspätung. Und weil ich ja nun ein Ruheständler bin und keine nervösen Blicke auf die Armbanduhr werfen muss, beschließe ich, einen Sprung ins Café zu machen. Es gibt da eines in der Passage in Bahnhofsnähe, welche die an sich trostlosen Hinterhöfe etwas ansprechender gemacht und mit Leben erfüllt hat. Es zieht mich zu diesem Café abseits der Straße. Es ist nicht eines der Häuser mit der großen österreichischen Kaffeehaustradition, wo in einer Wolke von Mokkaduft, Zeitungsrascheln und Zigarettenrauch große Ideen geboren, heiße Diskussionen geführt und literarische und künstlerische Initiativen und Revolutionen eingeleitet wurden. Nein, es ist ein ganz gewöhnliches, kleines Kaffee, mit ein paar Tischen in der Sonne, wo man sich zu einem kleinen Plausch zwischen der Einkaufstour trifft. Ich finde einen freien Tisch, setze mich und genieße diese gelöste Atmosphäre, die Hintergrundmusik des Geplauders der Gäste, die in den Torten stochern und im Eiskaffee rühren. Vor mir spielen in der Sonne zwei Kinder, während ihre Mütter ins Gespräch vertieft sind. Das schwillt und schwindet wie eine Woge von Behagen, Unbeschwertheit, friedlichem Dasein und fröhlichem Kinderlachen.

Da rollt der Ball der Kinder zur Mauer hinüber – und plötzlich weiß ich, warum es mich an diesen Platz hergezogen hat.

Genau da, wo der bunte Ball wie ein Symbol fröhlicher Unbekümmertheit rollt, genau da war die Grenze des düsteren Hofes und der hohen Mauer. Ich erlebe einen jähen Szenenwechsel wie auf der Drehbühne eines modernen Theaters. Die Kaffeehausidylle versinkt.

Hier war vor mehr als sechzig Jahren der Hof des Gestapogefängnisses. In diesem düsteren Viereck durften wir Häftlinge im Kreis gehen, von allen vier Ecken her scharf bewacht. Es gibt kaum etwas Trübsinnigeres als dieses Im-Kreis-Trotten im Gefängnis eines Tyrannenstaates. Es gibt ein Bild von Vincent van Gogh – eines aus der Zeit, wo er noch nicht die Sonne der Provence, sondern das ganze Elend der kleinen Leute gemalt hat. Auf diesem Bild vom Kreisgang der Gefangenen ist die ganze Trostlosigkeit dieses müden Karussells zum Ausdruck gebracht. Mir fällt dabei auch der Titel des Buches „Der erste Kreis der Hölle" von Alexander Solschenizyn ein. Auch bei uns ist in der Manege der SS so viel Angst und Hoffnungslosigkeit mitgelaufen, mit schleppenden und schlurfenden Schritten – und manchmal auch der Tod. Der blasse Priester, der im Stiegenhaus vor mir hinuntergegangen ist, hat mir noch verzweifelt zugeflüstert, dass er nunmehr trotz Freispruchs vor Gericht schon mehr als ein Jahr hier festgehalten wurde – „Schutzhaft" nannte man das. Er war mit seinen Kräften am Ende. Er wurde zwar so wie ich ein paar Wochen später freigelassen, aber kurz darauf ermordet. Der Gendarmerie wurde die Untersuchung seines Falles von oben her untersagt. Es hatte genügt, dass er einer Parteigröße im Weg war.

Da drüben, wo die Kellnerin jetzt mit dem Tablett steht und Nusstorten serviert, war das Tor. Wenn man aus dem Gefangenenhaus hierher überstellt wurde und durch diese Tür ging, war man im unmittelbaren Zugriff der Gestapo.

Bei diesen Erinnerungen verweht der Duft der Cremeschnitten und des feinen Mokka. Ich atme wieder die gesiebte Luft des Terrors hinter den winzigen Gitterfenstern und den

Geruch der undefinierbaren Mittagssuppe. Es steigt wieder auf, das Angstgefühl gegenüber einer rücksichts- und rechtlosen, anonymen Staatsmacht, für die man nicht einmal eine Nummer ist. Und das alles wegen der Anschuldigung, an der Organisation einer Wallfahrt beteiligt gewesen zu sein …

Das Lachen der Kinder, die um den Ball gerauft haben, weckt mich auf. Die Theaterdrehbühne lässt die düsteren Bilder blitzartig verschwinden. Die Kellnerin steht vor mir und sagt mit einer geduldig-freundlichen Stimme schon zum zweiten Mal: „Sie wünschen bitte?"

„Einen großen Braunen, mit Schlagrahm bitte!"

Plötzlich fällt mir ein, dass genau an derselben Stelle, an der die Kellnerin steht, mich damals der SS-Mann angebrüllt hat. Was hätte er wohl für ein Gesicht gemacht, wenn ich ihm prophezeit hätte, dass ich genau an derselben Stelle über sechzig Jahre später Kaffee und Schlagrahm bestellen würde? Bei der Vorstellung dieses Gesichts packt mich eine Art Übermut. „Fräulein", rufe ich die Kellnerin noch einmal zurück, „bitte noch einen Faschingskrapfen!"

Es ist einfach zu wenig, im Gedanken an die braune Flut einen großen Braunen zu heben, und es ist zu wenig, ein wenig andächtig in der milden Sahne zu rühren, die eine gütige Vorsehung über das alles gestreut hat – es muss ein Faschingskrapfen her. Wie heißt es doch im zweiten Psalm: „Gott, der Herr, lacht über sie …"

Der Rasierseifendosendeckel

Leider ist mir das kleine Ding verloren gegangen. Ich habe es viele Jahre aufbewahrt. Aber in den Zeiten der Cremes, Schäume und Elektrorasierer braucht man Rasierseifen und Rasierseifenbehälter nicht mehr. Im Zuge irgendeiner Übersiedlung ist er wahrscheinlich im Müll gelandet. Aber während des Krieges hat man eben die immer kostbarer werdende Rasierseife in einer kleinen, etwas schäbigen und verbeulten Blechdose aufbewahrt, die mit einem runden Drehverschluss versehen war. Und um diesen kleinen, fleckigen und glanzlosen Aluminiumdeckel handelt es sich. Er ist damals zu hohen Ehren gekommen.

Im Gestapogefängnis achtete man streng darauf, dass Häftlinge, die sich derart staatsbedrohende Verbrechen wie die Vorbereitung einer Wallfahrt zu Schulden hatten kommen lassen, isoliert blieben und keinen Kontakt miteinander haben durften. Aber selbst die perfekteste Organisation des Staatsterrors litt hie und da unter den Irrläufen der Bürokratie – und so kam es, dass ich mit meinem Freund und „Komplizen", dem jungen Priester Georg, zusammengesperrt wurde. Unsere Freude über das Wiedersehen in der Zelle nach den zermürbenden Verhören war groß.

Es kam noch ein zweiter Glücksfall dazu. Unter den Wächtern war auch ein älterer ehemaliger österreichischer Polizist, der als überzeugter Katholik ganz auf unserer Seite stand und uns – man muss sagen unter Lebensgefahr – manchen guten Dienst tat. Wenn er bei einbrechender Nacht Dienst hatte, öffnete er heimlich die Zellentür und plauderte leise mit uns.

Sobald er unten die Türschlüssel der überprüfenden Kontrolle der SS rasseln hörte, brüllte er plötzlich zu uns herein: „Es muss absolute Ruhe herrschen! Das nächste Mal bringe ich euch zur Meldung!" Und dann schlug er höchst effektvoll die Tür zu, ließ den Schlüssel rasseln und vermittelte so dem Chef den Eindruck, dass er das strengste Regiment führte. Man kann nicht mit Worten ausdrücken, wie wunderbar es ist, inmitten einer derartigen Welt auf so viel Menschlichkeit zu stoßen.

Mein Freund Georg hatte eben die Priesterweihe hinter sich, ich war Theologiestudent in den ersten Semestern. Eines Tages brachte der besagte menschenfreundliche Polizist (der später im Dienst umgekommen ist) ein kleines Päckchen mit etwas Weißbrot und einem Marmeladeglas. Das waren an sich schon seltenste Kostbarkeiten. Aber in dem Weißbrot steckten Hostien und im Marmeladeglas ein kleines Fläschchen mit Messwein. Und so konnten wir nach vielen Wochen der Einzelhaft daran denken, miteinander Eucharistie zu feiern. Das Kanongebet konnte Georg auswendig, ein Evangelium brachten wir auch aus dem Gedächtnis zusammen, sogar die Lesung aus dem Ersten Korintherbrief, dem Hohen Lied der Liebe. Es gab in der Zelle einen winzigen Klapptisch – er musste als Altar dienen. Als Altartuch genügte ein Taschentuch. So blieb nur noch die Frage des Kelches. Wir hatten nichts anderes als eben den genannten Rasierseifendosendeckel.

Allerdings war eine liturgische Probe ungewöhnlicher Art notwendig. Da das Öffnen der Zellentür wegen der doppelten Sperre immer einige Sekunden dauerte, mussten wir unbedingt trainieren, alle Spuren mit blitzschnellen Handgriffen zu beseitigen. Im Fall der Entdeckung wären wir sofort ins KZ überstellt worden. Ich musste mich mit dem Hinterkopf gegen den Spion lehnen, sodass von außen unmittelbar nichts zu sehen war, und dann übten wir das rasche Verschwindenlassen.

So feierten wir Eucharistie unter dem winzigen Gitterfenster.

Ich habe ja in meiner langen Priesterlaufbahn viele heilige Messen gefeiert, in schönen Kirchen über prachtvollen Altären, auf Bergspitzen und Waldwiesen, mit Schulklassen und Wallfahrern, in Gemeinden und auf Großfesten, feierliche Pontifikalmessen und Papstmessen im großen Kreis der Bischöfe und Priester. Dabei habe ich Kelche in der Hand gehabt, die Wunderwerke der Goldschmiedekunst waren, mit blitzenden Edelsteinen und kostbaren Medaillons. Ich habe heilige Messen erlebt im bunten Farbenspiel hoher Glasfenster und mit der Musik von Mozart, Beethoven und Haydn unter den Kuppeln und Gewölben. Aber immer wieder gehen meine Gedanken zurück zu dem Klapptisch, der Gitterfensterbeleuchtung und dem ängstlichen Lauschen auf das Schlüsselrasseln im Gang – und zu dem Rasierseifendosendeckel; ich kann mich des Eindrucks nicht erwehren, dass in dieser bedrohten Ärmlichkeit das Geheimnis des Abendmahls mit einer nie mehr erlebten Wucht präsent war.

Als ich nach unserer Messfeier von der Wache in den Waschraum geholt wurde, konnte ich einem dort zufällig anwesenden inhaftierten Priester Partikel der heiligen Hostie übergeben.

Vielleicht verstehen Sie jetzt, warum mir es um den Rasierseifendosendeckel, der das größte Mysterium der Welt umschlossen hat, Leid tut, obwohl ich sonst von Erinnerungsstücken nicht viel halte.

Das Lied der Lieder

Die markante Spitze des Brandjochs stand im letzten Abendlicht. Ich kannte ihn gut, diesen Eckpfeiler der Nordkette, mit dem weiten Blick über die Stadt und das Tal. Und jetzt war dieser stolze Gipfel in der verglühenden Sonne wie ein steinernes Symbol der Freiheit und der Hoffnung, der einzige Fleck meiner lieben Heimat, den ich sah. Und dieser winzige Ausschnitt grüßte durch die Gitter des winzigen Kerkerfensters des Gestapogefängnisses. Und ich habe an diesem Abend wirklich geglaubt, dass ich das Brandjoch zum letzten Mal sehen durfte. Denn unmittelbar vorher hatte man mir mitgeteilt, dass ich am nächsten Tag für den Transport ins Konzentrationslager Dachau eingeteilt sei. Der Freitag war immer der gefürchtete Tag der Transporte. Da wurde man zu zweit zusammengefesselt, auf den Bahnhof transportiert und dann in einem Viehwaggon verliefert.

Nach dem Krieg hatten ja viele gesagt, sie hätten von den Konzentrationslagern nichts gewusst oder nur verschwommenharmlose Vorstellungen gehabt. Bei manchen mag das stimmen – ihr Gewissen surfte nur noch auf den Riesenwellen der allgegenwärtigen Propaganda –, aber für eine sehr große Anzahl stimmte das nicht. Sie wussten sehr wohl, dass Menschen auf Nimmerwiedersehen verschwanden. Man wusste von Zügen mit Juden, die an den allgemeinen Bahnsteigen vorbeigeschleust wurden und deren Fracht in diesen Lagern verschwand. Aber man wollte es andererseits nicht wissen. Es war ja „eine so große Zeit". Und wenn sich da wer entgegenstellte – nun ja, dann flogen eben Späne. Und so hat man weggesehen und verdrängt und vergessen und am Schluss nichts mehr gewusst.

Aber wir haben damals genau gewusst, was das KZ ist. Wir – die Studenten der Theologie in den ersten Semestern und Mitglieder der geheimen Jugendgruppen. Mein Volksschulkatechet Otto Neururer war schon ermordet worden. Und wenn man – selten – einen sah und kannte, der vom KZ zurückkam, dann war er ein verhärmter, abgemagerter Mann und ein großer Schweiger, den man auch nicht fragen durfte. Jede Auskunft hätte für ihn den Tod bedeutet.

Nein, wir hatten keine Illusionen. Wir wussten: Dachau und Buchenwald, das sind Orte des Schreckens. Und jetzt hatte ich dieses Schicksal vor mir, weil man mir vorwarf, ich hätte mich an der Organisation einer Wallfahrt beteiligt.

Ich war in meiner Zelle und starrte zum Brandjoch hinauf, das sich verabschiedete. Auch wenn man sich sagte, man sei schließlich für die gerechte Sache in dieser Lage – ich hatte keine heroisch-erhabenen Gefühle. Viel später habe ich mir die Frage vorgelegt, was nun schwerer sei, das KZ vor Augen zu haben oder die nächste Panzerschlacht. Ich habe beides erlebt. Das Zweite ist leichter. Die Aussicht, von einer Granate zerrissen zu werden, mit der leisen Hoffnung, vielleicht doch durchzukommen, ist viel leichter zu ertragen als die Erwartung, zu Tode gequält zu werden. Es wurde dunkel. Auch über mein kleines Zellenfenster fiel die Nacht.

Auf der Straße drunten, vor dem Polizeigefängnis, standen damals ein paar Bäume. Und als nun aller Verkehr erlosch, tönte auf einmal von der Straße herauf ein Pfeifen, ein sehr ungewöhnliches Pfeifen, denn es ging um eine Melodie, die damals bei unseren Jugendmessen aufgekommen war und die nicht einmal das Kirchenvolk kannte. Der Gestapo und der SS war diese Musik natürlich völlig fremd, denn ihre liturgische Ausbildung war sicher dürftig. Und so kam nun diese kleine Melodie über die Baumkronen herauf, drang durch das

Gitterfenster und berührte mich, während ich mit meinen trüben Gedanken auf der Pritsche hockte. Diesen Refrain hatten wir oft gesungen, meistens bei der heiligen Kommunion. Es war ein Text aus dem Hohen Lied des Alten Testaments, das hebräisch „Schir ha-Schirim" heißt, „Lied der Lieder".

Es war die Idee eines Dreizehnjährigen aus der Jugendgruppe, der um unsere Verhaftung wusste und zu Recht vermutete, dass wir – meine zwei Komplizen und ich – da droben hinter den winzigen Fenstern saßen. Der Lauser hat sich unten an einen Baum gelehnt und hat diese Kennmelodie gepfiffen, so wie eben ein Bub mit den Händen im Hosensack manchmal pfeift.

Ich kann nicht ausdrücken, was diese Melodie mit diesem Text damals für mich bedeutete:

„Stark wie der Tod ist die Liebe,
ihr Licht ist wie Leuchten des Feuers,
das können die Wasser nicht löschen
und die Ströme nicht überfluten …"

Als man am nächsten Morgen den Transport nach Dachau zusammenstellte, wurde ich im letzten Augenblick von der Liste gestrichen. Ich weiß bis heute nicht, warum. Hatte irgendjemand interveniert? Oder wollte man lieber einen Soldaten mehr an der Front? Ich weiß es nicht. Ich kam nicht nach Dachau.

Vierzehn Tage später musste ich einen Revers unterschreiben, dass ich bei der geringsten politischen Beanstandung mit dem KZ zu rechnen hätte. Dann wurde ich entlassen. Und etwas später kam die Einberufung. Es klingt fast pervers, wenn man sagt, dass eine Mutter froh war, wenn ihre Söhne im Krieg zu den Soldaten kamen. Denn dann waren sie wenigstens dem unmittelbaren Zugriff der Gestapo entzogen. So war die Zeit.

Wenn mir jemand an jenem schlimmen Abend im Gefängnis gesagt hätte: „Du kommst morgen nicht nach Dachau – aber 63 Jahre später wirst du nach Dachau kommen. Und dann wirst du dort, wo die SS ihre gefürchteten Kasernen hatte, als Seelsorger Exerzitien geben …" – ich hätte diesem Menschen gesagt: Du bist verrückt!

Aber genauso war es. 63 Jahre später haben mich die Schwestern im Karmel von Dachau eingeladen, Exerzitien zu halten. Sie haben ihr Kloster dort, wo die SS-Kaserne stand, am Nordende des Lagers.

Ich bin also nach Dachau gefahren. Am Abend bin ich hinausgetreten auf das menschenleere, riesige Lagergelände, mit dem Blick über die Barackenfundamente. Es war ein etwas düsterer Abend. Von Westen zogen schwere Regenwolken herein. Ich war ganz allein. Ich habe an die vielen gedacht, die nicht das Glück hatten wie ich. Es war ein noch bedrückenderer Blick als der über einen großen Kriegerfriedhof. Der dunkle Lagerplatz war wie ein stummer Schrei. Und da war die berüchtigte Lagerstraße in der Mitte, auf der die Häftlinge zum Appell wankten. Ich kann so gut nachfühlen, was an Angst, Verzweiflung, Trennungsschmerz und Hoffnungslosigkeit auf diesem Paradeplatz der Unmenschlichkeit zusammenströmte. Ich habe doch so manchen gekannt. Aber es waren ja Hunderttausende. Wie ich mich umdrehe und auf der Lagerstraße Richtung Kloster gehe, sehe ich, dass sie genau zum Kirchenportal hinweist. Ist es so, wie die Schrift verheißt, dass alle Tragödien und alles Elend der Welt letztlich doch in einer ewigen Liebe landen? Ich glaube es. Alles Leid steht unter dem Gesetz des Vergehens. Es verstummt in der

Zeit wie dieser schreckliche, große, leere Platz hinter mir. Wovor hat mich Gott vor 63 Jahren bewahrt! Ich weiß nicht, wie ich es mit meinen 19 Jahren ausgehalten hätte. Ich bin nie ein Held gewesen.

Ich gehe über die Straße des Schreckens in Richtung Kirchenportal. Drinnen führt die Spur der Straße weiter in der Mitte des Gotteshauses und endet beim Tabernakel, beim Allerheiligsten.

Und dort durfte ich dann mit den Schwestern Eucharistie feiern. Und nach der Kommunion sangen sie:

> „Stark wie der Tod ist die Liebe,
> ihr Licht ist wie Leuchten des Feuers,
> das können die Wasser nicht löschen
> und die Ströme nicht überfluten …"

Horror und Helfen

Es ist mir ganz egal, dass ich von den Jahren des Krieges so gut wie keine Fotos habe. Da, wo ich war, hat man nicht geknipst. Ein paar Gruppenbilder, in der Ablösung hinter der Front aufgenommen, sind Sammelsterbebildchen. Es hat fast keiner überlebt. Aber im Fotoarchiv des Gehirns, so tief unten in der Seele vergraben, dass man nicht gerne darin kramt, haben sich ein paar Schnappschüsse erhalten, belastende und ermutigende. Und ich wage die vergilbten Bilder nur hervorzuholen, wenn dieses Wühlen irgendeinen Sinn für das Heute ergibt.

Eines dieser winzigen Dokumente des Gedächtnisses habe ich eines Tages doch in die Hand genommen, einen Erinnerungsfetzen, der voller Grauen ist.

Beim Vormarsch an die weißrussische Front, der für viele der letzte Weg werden sollte, stolperten wir müde und schwer beladen bei schneidender Kälte durch den wild zerschossenen Wald, in dem nur wenige Bäume heil geblieben waren. Rundherum, so weit das Auge reichte, lagen Tote, Freund und Feind neben- und übereinander, manchmal in bizarren Stellungen, noch kauernd oder an einen Baumstamm gelehnt, mit den offenen Mündern unter den weißen Helmen. Schlachtfelder sind immer ein stummer Schrei – und das Bild sollte uns nicht gestohlen werden wie das Bild „Der Schrei" von Edvard Munch, das aus dem Museum geraubt wurde. Der stumme Schrei der Schlachtfelder ist der ergreifendste Appell für eine friedliche Welt ... Es waren damals in dem Wald am Lowat so viele Leichen, dass wir uns mit dem Suchen eines Zeltplatzes schwer getan haben.

3. Station
Das letzte Dorf vor dem Lowat, Februar 1942

Während wir mühsam im Pulverschnee durch dieses Szenario des Schreckens stapften, wo uns bei 50 Grad Kälte der Atem auf den Lippen einfror, habe ich sie plötzlich gesehen – und das ist der Schnappschuss, den ich nie vergessen kann.

Etwas im Abseits, mitten unter den Toten, sah ich drei tief vermummte Kinder, die von einem Gefallenen zum anderen gingen, um etwas Essbares zu suchen. Frontsoldaten hatten ja meistens eine eiserne Ration im Brotbeutel. So wühlten und suchten diese Kinder von Leiche zu Leiche. Bewegten sich mitten unter diesen Gestalten mit den schrecklichen Wunden und den verkrallten Händen. Die Zivilisten waren von ihren ärmlichen Gehöften in die Wälder geflüchtet, und so hatte man wohl die Kinder losgeschickt, etwas fürs Überleben zu holen, in der Annahme, man werde den Kindern nichts tun. Es geschah ihnen auch nichts. Was ihren Seelen geschah, steht auf einem anderen Blatt.

Das ist das Bild, das ich nie vergessen kann. Wir sind weitergestolpert, in Richtung der vor uns tobenden Front. Aber die Kinder, diese Kinder! Mich hat die Erinnerung immer fast krank gemacht. Dies war nur ein kleiner Seitenblick, aber er war noch schlimmer als der Blick auf die vielen Toten.

Es wäre nicht verwunderlich, wenn eine Leserin oder ein Leser denken sollte – warum belastet er uns damit? Es ist weder ermutigend noch erbaulich. Das bringt nichts, es ist nur ein weiterer Beitrag zum Horror dieser Welt, zu einem Schrecken, der nie aufhört und der heute im Sudan, in Afghanistan oder irgendwo weitergeht. Wir haben genug davon …

Aber es gibt eben diesen Zusammenhang zwischen dem lebensfeindlichen, rücksichtslosen Großklima der Welt und dem unverdrossenen Hineinblühen in die Wetterfronten des Bösen.

Aufgeblüht ist aus diesen schrecklichen Visionen trotz allem eine viel intensivere Liebe zum Frieden. Er dauert in Europa nunmehr schon über sechzig Jahre. Hier hat eine Blume, die im eiskalten Entsetzen gesät wurde, für eine Region sogar das Großklima beeinflusst. „Der Gott, der Eisen wachsen ließ und der keine Knechte wollte" – den Arndt besungen hat –, hat abgedankt. Zu dieser Entwicklung im vereinten Europa, die es bislang noch nie gegeben hat, kommt von den ungezählten Gefallenendenkmälern, die zu jedem Dorf des Erdteils gehören, eine tiefe Zustimmung. Wenn sie aufstehen könnten, die Millionenheere der Erschlagenen, und bei den Wahlen für Europa mitstimmen dürften, wären diese Wahlen überall entschieden. Da und dort hat die kleine Blume Friedensliebe die harten Gesteine der Geschichte doch überwuchert: Nationalhass, Fürstenprestige, Rassendiskriminierung, propagandistisch gezüchtete Todfeindschaften und pseudoreligiös motivierte Waffengänge. Darum dürfen wir solche Bilder wie das von den frierenden Kindern zwischen den zerfetzten Leichen nicht einfach wegstecken und zu den tausend Belanglosigkeiten in die Truhe des Vergessens werfen.

Für mich persönlich ist die Erinnerung an die Kinder in den Wäldern Weißrusslands jäh aufgetaucht, wie ich erfahren habe, dass von Tschernobyl geschädigte Kinder aus dieser Region nach Tirol eingeladen werden. Eine Reihe ideal gesinnter Leute hat die Aktion ins Leben gerufen. Die Kinder werden hier mit vitaminreicher Ernährung in einen besseren Gesamtzustand gebracht und erhalten die Medikamente für ein Jahr. Die Sache zeitigt bereits echte Erfolge. Natürlich braucht das über den Einsatz der Gastfamilien hinaus viel Organisation, medizinischen Aufwand und Geld. Wie ich von dieser Initiative gehört habe, sind vor mir wieder die

hungrigen, frierenden Kinder in der Winterschlacht aufgetaucht. Die geschädigten weißrussischen Kinder von heute
könnten die Enkel von ihnen sein. Diese Gegend Europas hat
viel Leid heimgesucht … die Hilfe von heute ist mir wie eine
sehr, sehr späte kleine Wiedergutmachung vorgekommen.
Was haben wir doch als Soldaten dieses verbrecherischen
Krieges Elend über die Menschen gebracht! Auch wider Willen wird man irgendwann ein kleines Rad im bösen Spiel der
Geschichte.

Darum bin ich in die Tschernobylinitiative eingestiegen.
Das Honorar für mein Buch „Gletscherhahnenfuß" – das
heißt, was mir der Finanzminister davon ließ – ging in diese
Aktion.

Das Tragtier Regina

Heutzutage sieht man bei uns keine Mulis mehr. Selbst das Österreichische Bundesheer hält nur noch am Haflinger fest. Mulis sind eine Kreuzung von Eselshengst und Pferdestute. Und ich hatte immer den Eindruck, dass unsere Mulis beim Militär über diese Tatsache seelisch schwer hinweg kamen. Es muss ja wirklich belastend sein, zu wissen, dass der Vater ein Esel ist. Mulis sind daher nur sehr begrenzt kontaktfähig. Mit Pferden kann man reden. Man spürt Reaktionen. Mulis sind weniger ansprechbar.

Mein Freund Georg, der von Beruf Oberkellner in einem Großhotel am Arlberg war und drei Fremdsprachen beherrschte, wurde in der deutschen Wehrmacht als Muliführer eingesetzt. Man war dort immer sehr darauf bedacht, die Menschen entsprechend ihren zivilen Fähigkeiten einzusetzen. Es ist ihm aber nie gelungen, zu seinem Tragtier Regina eine nähere Beziehung aufzubauen. Regina war weder auf Deutsch noch Italienisch, Englisch oder Französisch ansprechbar und blieb immer abweisend. Sie war schrecklich stur. Georg hat mir versichert, sie könne fünf Stunden in eine Ecke schauen, ohne mit einem Ohr zu wackeln – was auch nicht gerade ein Hinweis auf ein reiches Innenleben ist. An sich wäre es die Rolle Reginas gewesen, als Tragtier den Siegeszug der deutschen Armeen zu verstärken. Sie wollte aber kein Tragtier sein. Sie war ein Zugtier. Aber nicht eines das zieht, sondern das gezogen wird. Wenn man hie und da zu den Kolonnen der Tragtiere zurückschaute, die da durch die klirrkalten Weiten der nordrussischen Landschaft zogen, konnte man immer in der Mitte der hintereinander durch den

Schnee stapfenden Soldaten und Mulis eine Lücke entdecken. Da riss die Kolonne ab und kam nie recht zum Anschluss. Das war mein armer Freund Georg mit seinem Tragtier Regina. Er, der selbst schwer beladen war, stolperte voraus und musste mit langem, über die Schulter gelegtem Zügel seine Regina hinter sich her ziehen. Sie machte einen langen Hals, legte die Ohren zurück und folgte nur höchst widerwillig mit hinhaltender Resistenz.

Sie hatte absolut keinen Sinn dafür, dass der große Feldherr seinen Armeen als Programm „Vorrrwärts!" (mit drei r) zugerufen hatte und dass alle Generalfeldmarschälle, Generäle, Obersten, Majore und Kompagniechefs dieses „Vorrrwärts" in den verschiedensten Tönen weiter brüllten. Regina war das wurscht. Sie beschleunigte ihren Gang nicht. Sie machte tagelang den Hals lang, als ob sie die Absicht hätte, zu einer Giraffe zu mutieren. Sie wäre das richtige Wappentier für die passive Widerstandsbewegung gewesen. Man weiß natürlich nicht, was in einem so verschlossenen Tier vorgeht. Aber vielleicht hatte Regina eine Ahnung, was für ein ungeheurer militärischer Unsinn der Marsch in den Winter und das Vorrrwärtsgeplärr des großen Führers war. Man kann nicht von der Hand weisen, dass im hinhaltenden Widerstand von Regina mehr Weisheit war als im Oberkommando der Wehrmacht. Die Zukunft unserer Truppe im Besonderen und des Dritten Reiches im Allgemeinen hat ihr jedenfalls recht gegeben. „Lasst den Blödsinn!", sagte ihr langer Hals und der immer gestraffte Zügel, „lasst den Blödsinn, ihr rennt ins Verderben …!" Aber niemand hat ihre Sprache verstanden. Man hat sie missachtet, weil ihr Vater ein Esel war. Und dabei hatten so viele Esel die Führung einer ganzen Nation übernommen.

Schließlich kamen wir in bitterster Kälte in die Frontstellung. Im Flussbett des Lowat, der völlig zugefroren war, wurden die

Tragtiere zurückgelassen. Wir gingen ein Stück weiter und schlugen an einem Waldrand die Zelte auf, natürlich Zelte ohne Boden, die bereits aus unseren Zeltbahnen geknüpft waren, denn bei 52 Grad unter null kann man kein Zelt knüpfen. Die Nacht brach herein – und mit ihr kam der „Eiserne Gustav", so hieß nämlich ein russisches Bombenflugzeug, das sehr tief flog und von dem man die Bomben mit der Hand hinauswarf. Unser Zelt bekam auch einen Splittersegen ab und hatte seither viele Löcher. Aber die meisten Bomben fielen weiter rückwärts. Plötzlich stürzt einer ins Zelt herein und schreit: „Die Tragtiere! Es hat die Tragtiere erwischt!" Georg schoss sofort empor: „Die Regina, jetzt ist die Regina hin!" Und es war in seiner Stimme nicht viel Trauer oder Entsetzen. Er eilte hinunter zum Fluss – und da bot sich wirklich ein betrübliches Bild. Viele Tiere lagen nach den Volltreffern verwundet oder tot herum. Die anderen hatten sich losgerissen und jagten durch den Pulverschnee. Nur ein Tragtier stand unverwundet und völlig gelassen an seinem Platz: Regina! Sie bewahrte entsprechend ihrem Namen geradezu königliche Ruhe, denn Panik war nicht ihre Sache. Die Katastrophe rund um sie herum war ja eine einzige Bestätigung ihres nachhaltigen Widerstandes gegenüber den deutschen Angriffsplänen.

Ich habe später auf Bischofswappen die verschiedensten Symbole und Tiere gesehen. Bayrische Löwen und steigende Panther, Adler und Osterlämmer. Beinahe wäre ich in Versuchung gekommen, das Tragtier Regina in mein Wappen aufzunehmen. Ich habe mich ihm immer im Geheimen verbunden gefühlt, wegen seines Widerstandes gegen den Wahnsinn des Krieges, in den es sich nur mit langem Hals und gestrecktem Zügel schleppen ließ, und nicht zuletzt wegen seiner wunderbaren Errettung im zugefrorenen Fluss Lowat. Schließlich bin ich ja auch – fast wunderbar – der

Hölle entronnen. Aber im Bischofswappen wäre der Muli doch schwierig zu erklären gewesen und hätte möglicherweise zu peinlichen Deutungen führen können.

Als die Zillertalbahn nach Ramuschewo fuhr ...

Entspannt und müde sitze ich in einer Fensterecke des Bähnleins, das talauswärts dampft. Die alte Lok ist noch voll im Dienst und noch nicht durch Dieseltriebwagen ersetzt. Wir sind in den Sechzigerjahren des 20. Jahrhunderts. Die Bahnidylle des Zillertals hat aber geradezu musealen Charakter. Es pustet und dampft mit ihr die gute alte Zeit auf dem technischen Niveau des 19. Jahrhunderts. Aber der Rumpelexpress stört mich nicht mit seiner bescheidenen Geschwindigkeit und den vielen Haltestellen.

Die Seelsorgsaushilfe in den Kar- und Ostertagen im hintersten Seitental war anstrengend. Und nachdem nun die ganze Last von Beicht- und Predigtdienst abgefallen ist, sitzt es sich wunderbar in dieser Holzbankecke des vorsintflutlichen Waggons. Ich genieße den Blick hinaus ins Tal, durch das ein Hauch von Frühling zieht. Hie und da liegt bereits ein zartes Grün auf den Wiesen – und die Hänge mit den Berghöfen werden aper.

Mir gegenüber sitzt ein deutscher Feriengast, der braun gebrannt den Osterurlaub hinter sich hat. Er hat die „Frankfurter Allgemeine" beiseitegelegt und schaut auch in die fröhliche Landschaft hinaus. Der Zug hält schon wieder. Auf der einsamen Haltestelle steigt ein einheimischer Fahrgast aus, geht nach vorne und hat mit dem Lokführer ein längeres, freundschaftliches Gespräch, wie es zum familiären Charakter dieses Verkehrsunternehmens passt.

Ich fühle das Bedürfnis, mich für die organisatorische Behäbigkeit und technische Rückständigkeit unseres Bahnwesens zu entschuldigen, und sage zu meinem Gegenüber: „Es geht halt sehr langsam mit unserer Bahn …"

Der Herr aber schaut mich ganz vergnügt an und meint lächelnd: „Mir kann es gar nie langsam genug gehen …"

Ich bin verwundert ob dieser ungewohnten Gelassenheit eines offenkundig sehr modernen Menschen mit großstädtischem Charakter. Da gibt er mir die Erklärung: „Ich bin nämlich Testpilot bei Düsenjägern!"

So kommen wir ins Gespräch. Er beginnt zu erzählen, wie er zu diesem etwas ungewöhnlichen Beruf gekommen sei. Er war im Krieg bei der Luftwaffe, bei den Sturzkampffliegern. So habe er eigentlich nichts anderes gelernt, als zu fliegen, hinabzustürzen und wieder hochzujagen. Und so sei er eben dem Steuerknüppel treu geblieben, habe diesen Beruf angenommen und jage jetzt mit Schallgeschwindigkeit durch die Lüfte …

„Sie wissen ja", meint er, „Sturzkampfflieger war keine schöne Sache."

Ja, ich weiß. Ich habe die heulenden Sirenen und herunterjagenden Bomben heute noch im Ohr – und die gewaltigen Explosionen im gefrorenen Boden.

„Ich war", plaudert er weiter, „in Nordrussland eingesetzt, in der Winterschlacht 41/42, bei der wahnsinnigen Kälte, rund um den Kessel von Demjansk!"

„Kennen Sie Ramuschewo?", frage ich ihn in einem plötzlichen Einfall. Er streicht sich über die Stirn und schaut erstaunt auf: „Natürlich, Ramuschewo, so hieß doch das kleine Nest in den Wäldern östlich des Flusses Lowat, wo der Brennpunkt der Kämpfe war. Da mussten wir höllisch aufpassen, dass wir nicht die eigenen Linien trafen, und immer darauf achten, wo die orangen Rauchsignale der vordersten Kampffront aufstiegen …"

„Ja", habe ich gesagt, „und ich war bei denen, die die Rauchsignale losgelassen haben, wenn Sie mit den Sturzkampfbombern eingekreist sind!"

Es war ein merkwürdiges Rendezvous in diesem dahinzuckelnden Züglein, das sozusagen die harmloseste Entwicklung der Technik repräsentierte, während bei uns beiden die Erinnerung an ihre todbringendste und vernichtendste Form aufstieg. Damals war auch gerade Karwoche und Ostern, aber im eisigen Griff des russischen Winters. Ramuschewo – das von den Bewohnern fluchtartig verlassene Dorf in den Wäldern, in denen der Tod mit Perfektion wütete, mit einer entsprechenden Ernte auf beiden Seiten.

Und da saßen wir nun, in einem friedlichen Zugabteil, und hatten doch beide dem Wahnsinn gedient, er in der Luft und ich auf dem Boden.

Über das sonnige Zillertal kroch ein Schatten …

Ramuschewo, Ramuschewo, Ramuschewo – auf einmal stampft die kleine, asthmatische Lokomotive da vorn den Rhythmus dieses Wortes wie bei einem Kinderlied beim Eisenbahnspiel. Aber es weckt keinen Gedanken an Kinderspiele, sondern an vermummte, in Fetzen gewickelte Kinder, die von einem Toten zum anderen durch den tiefen Schnee stapfen, um etwas zum Essen zu suchen.

Auch mein Gegenüber, der Sturzkampfbomberpilot, ist still geworden und schaut so versonnen aus dem Fenster, als sähe er die grünenden Wiesen und die freundlichen Dörfer des Zillertals nicht mehr. Geht es ihm ähnlich wie mir?

Ramuschewo, Ramuschewo – unsere niedliche Lok ahnt nichts davon, dass sie mit diesem Rhythmus die Erinnerung an ferne, dumpfe Totentrommeln weckt. Sie kann nichts da-

4. Station
Vormarsch am Ilmensee, Februar 1942

für. Sie pustet ihre kleinen, lustigen Wolken aus, aber mir fällt die Erinnerung wie ein schwerer Schatten aufs Gemüt. Und man kann diese tief hängenden, schwarzen Wolken nicht einfach wegfächeln und verscheuchen … Man muss die Schattenspiele der eigenen Lebensgeschichte aushalten und hoffen, dass dann wieder ein sanfteres Licht das Dunkel bannt.

Ramuschewo, Ramuschewo, nein, da ist kein tröstliches Bild dabei, nur apokalyptischer Schrecken. Hoffentlich haben wenigstens die armen geflüchteten Bewohner in den Tiefen der Wälder überlebt …

Auf einmal ertönt ein fröhlicher Pfiff. Der Zug hat das Inntal erreicht. Er rumpelt über die Innbrücke und biegt nach Jenbach ein. Das Tal liegt im Glanz der Ostersonne. Der Pfiff hat uns sozusagen energisch daran erinnert, dass uns das Leben wieder hat.

Wir steigen aus, wechseln von der Schmalspurbahn hinüber auf den Bahnsteig und verabschieden uns. Mein Reisegefährte nimmt den Schnellzug nach München und dann weiter zu seinen Düsenjägern. Ich beneide ihn nicht um sein Reiseziel und seinen Job. Mein Schnellzug geht in die entgegengesetzte Richtung nach Innsbruck. Dort wartet meine Schule auf mich mit den vielen jungen Menschen. Und ich bin voller Hoffnung, dass ihnen Erfahrungen wie Ramuschewo erspart bleiben.

Drüben auf dem Schmalspurgleis steht die Spielzeuglok und verschnauft sich. Auf einmal ist mir das altmodische Vehikel sympathischer als alles moderne Wunderwerk, als Jets und Traumschiffe, Reaktoren und Satelliten, Radar und Raketen und alle Schallmauern durchbrechenden, den Erdball umkreisenden, alles erspähenden Weltraumstationen.

Nein, die kleine Bahn fährt sicher nie nach Ramuschewo – beim anderen Teufelszeug kann man das nie wissen. Aber sie wird immer durch friedliche Dörfer bummeln, sehr oft halten, Verspätungen einsammeln, eine Rauchfahne in die Landschaft setzen und hie und da mit einem Pfiff daran erinnern, wie schön das Leben sein kann.

Heizmaterial

„Stecher, geh'n S' zurück, da hinten neben der Rollbahn liegt ein Haufen Holzkisteln. Das Zeug brennt – da bringen wir in dem verdammten Zeltofen ein Feuer her. Holen S' ein paar solche Kisteln!"

Der kleine Feldwebel Mohr, der in der Kaserne sein keineswegs kriegerisches Wesen mit starken Worten zu verdecken pflegte, brachte diesen Befehl eigentlich mehr im Ton einer verzweifelten Bitte vor. Der kleine Zugführer Mohr hatte angesichts des vergeblichen Versuchs, im winzigen Zeltofen ein Feuer herzukriegen, die Geduld verloren. Wie sollten die gefrorenen Äste und Zweige auch brennen – bei minus 52 Grad Celsius? Eine Glut im Zeltofen hätte wenigstens einen Hauch von Wärme in das 16-Mann-Zelt gebracht. Es war schon schwierig gewesen, es aufzustellen. Der von Granaten zerfetzte Wald war mit unzähligen Toten bedeckt. Ein wenig weiter vorne tobte die Hauptkampflinie. Und wir saßen nun rund um den kleinen Zeltofen, sozusagen einem erloschenen Symbol aller Hoffnung. Wir saßen im Kreis, die genagelten Bergschuhe rund um den Ofen. Am Schuh des Oberjägers Eitzenberger, eines schon etwas älteren, ernsten Mannes, hing ein blutiges Etwas. Der Feldwebel hatte zu ihm gesagt: „Geh hinaus und putz dich ab!" Und der Oberjäger Eitzenberger hat wild aufgelacht und gesagt: „Graust euch vielleicht?" Aber in dem Lachen war keine Spur von Fröhlichkeit, sondern eher ein Ton von Verzweiflung. Seit wir in diesen verfluchten Wäldern am Ilmensee waren, galt der Vers des Soldatenliedes aus dem Ersten Weltkrieg: „Graue Soldaten, im Schrei der Granaten, haben das Lachen verlernt."

Die Kälte, das Elend und der tausendfache Tod rundherum hatten uns gleichsam in Trance erstarren lassen. Ich erinnere mich noch gut daran. Man konnte und durfte keine Gefühle aufkommen lassen. Das Leben war ein böser Traum geworden. Es war, als wollte man die Wirklichkeit nicht recht zur Kenntnis nehmen. Und doch war sie da, mit ihrer ganzen Sinnlosigkeit und Angst. So war die Lage in dem lausigen Zelt, das schon Löcher von Bombensplittern aufwies und die Kälte nicht abhielt, als mir der kleine Feldwebel Mohr den Befehl gab, 150 Meter weiter hinten an der Rollbahn die trockenen Holzkistchen zu holen.

Ich schlüpfte also aus dem Zelt hinaus ins Dunkel der Winternacht. Schon die Erinnerung an diesen Schlachtfeldgeruch ist belastend. Aber auf derartige Feinheiten der Sinneserfahrung konnte man damals nicht achten. Ich stapfte also durch den Schnee, über viele dunkle Gestalten, quer liegende Bäume, Granattrichter und Kriegsgerät aller Art, bis ich zu den Spurrillen der Panzer auf der Rollbahn stieß.

Und da lagen sie nun, die ersehnten Holzkistchen. Als ich mir eines griff, kam von der anderen Seite her ein Soldat, der offenbar den gleichen Auftrag hatte wie ich, Heizmaterial zu holen. Er war nur ein paar Meter von mir entfernt. Das Kistchen in meiner Hand war merkwürdig. Es war fest verschlossen, und oben steckte im Deckel ein kleiner Holzpfropfen, den ich herausriss. Er war mit einem Spagat befestigt. Ich wollte eben das Kistchen mit meinem Bergschuh aufsprengen, um ein paar Brettchen zu bekommen, die zum Heizen taugten.

Im gleichen Augenblick entlud sich neben mir eine Explosion, die mich fast umwarf. Den anderen Soldaten hat es buchstäblich zerrissen. Die scheinbar harmlosen Kästchen waren russische Holzminen. Der kleine Holzstöpsel war der Zünder. Ich habe ihn – nichtsahnend – herausgerissen.

Der andere hat – ebenso nichtsahnend – ein wenig draufgedrückt …

Und diese winzige Geste entschied über Leben und Tod. Im Rückblick kommt mir erst die ganze Dramatik des Geschehens zu Bewusstsein – die Tragödie des Kameraden und das unfassbare eigene Glück. Genau genommen habe ich seinem Tod mein Leben verdankt. Ich habe nach der Überwindung des ersten Schocks kein Kästchen mehr angerührt. Benommen habe ich mich auf den Weg zurück gemacht.

Warum bin ich davongekommen – und er nicht? Warum habe ich nicht auch so einen kleinen, leichten Tipp auf den Holzstöpsel gemacht, eine winzige Berührung beim Aufheben? Warum der andere? Sobald wir abgelöst sind, wird sein Kompaniechef einen Brief schreiben, an eine Mutter, einen Vater. Und sie werden den Brief mit zitternden Händen aufmachen und lesen und entsetzt sinken lassen. Und die kleineren Geschwister werden herumstehen, mit großen Augen, und vielleicht wird eine Braut in Tränen ausbrechen – ach, der verfluchte Krieg! Diese Fragen und Gedanken werden hintennach noch schwerer als im Augenblick des Erlebens.

Manchmal haben mich später Leute gefragt, wie man nach derartigen Erlebnissen eigentlich wieder wohlgemut und lebensfroh werden könne.

Es geht nicht einfach mit Verdrängen, Nicht-mehr-dran-Denken oder gar mit Heldenehrungszeremonien.

Wenn ich an diese Wälder und Waldwiesen denke, wo die Toten in Wellen lagen, so wie sie vorgestürmt waren, dann kann ich solche Sprüche wie „Ewig währt der Toten Tatenruhm", „Gefallen für Führer, Volk und Vaterland", „Stolze Trauer" und ähnliche pathetische Fanfarenstöße gar nicht hören. Nach dieser Schlacht, die Tausenden das Leben gekostet hat, lagen da lauter junge Menschen zwischen 17 bis 30.

Es waren ja auf beiden Seiten Elitetruppen eingesetzt, die hier verheizt wurden – Gebirgsjäger, Stalingarde und sibirische Scharfschützenregimenter. So lagen sie dann in den stillen, verwundeten Wäldern – und mit ihnen alle Lebensträume und Hoffnungen.

Wenn ich heute in Gedanken durch diese Wälder wandere, dann tue ich es weder mit den heroischen Betäubungsphrasen noch mit einem Walhalla-Heldengeschwafel bei Fackelschein, noch mit einem philosophischen Verweilen bei Sartre über die Absurdität des Daseins, noch mit dem leeren Trost Heideggers über den „Heroismus zum Nichts", noch mit großen Worten über Zufall und Schicksal und Tragik und Verlöschen und Nichts. Wenn ich mit dieser ideologischen Ausrüstung über das Leid des Krieges gehen müsste, wäre das unerträglich – da bliebe nur vergessen, verschweigen und verdrängen …

Aber da ist etwas anderes.

Ich nehme es keinem Leser übel, wenn er mir nicht recht zu folgen vermag. Aber ich bin durch die Jahrzehnte meines Berufes als Seelsorger immer tiefer in die Erfahrung eines unendlich barmherzigen Gottes hineingewachsen. Mich erfasst das Mitleid mit diesen unzähligen jungen Menschen. Sie waren doch letztlich „arme Teufel", wie das im Soldatenjargon heißt, Benutzte, Missbrauchte, Geplagte und Bemitleidenswerte, und das alles trotz der Fehler, die sie mit sich herumtrugen. Und ich kann mir beim besten Willen keinen Gott vorstellen, der weniger mitleidig ist als ich. Ich habe doch fast täglich den Kelch in meinen Händen, über den ich sagen darf: „Das ist mein Blut, das für euch und für alle vergossen wird …" Und da weiß ich doch alles umarmt von einer unfassbaren Liebe, die über Schlachtfelder und tausend Tote und tausend Tragödien der Weltgeschichte wandert und alle Schicksale umarmt und keinen vergisst. Ich weiß glaubend um eine Liebe, die in den Wellenlängen der Ewigkeit atmet und diesen blauen Planeten und das Universum umflutet. Wenn ich so betroffen bin vom Schicksal dieser Geschundenen, Geängstigten und Erschlagenen – was wird dann die unendliche Barmherzigkeit von ihnen halten! Und so bleibe ich mit dieser Vision des Glaubens in der Begegnung mit dem fast Unerträglichen bei dem Satz des Johannesbriefes:

„Wenn euer Herz euch beunruhigt – dann ist Gott größer als euer Herz!" (1 Joh 3,20)

Aber damals war kein Raum für solche Gedanken. Ich bin, leicht verstört, zu unserem Zelt zurückgekommen und habe zu den Enttäuschten gesagt:

„Es ist nichts mit dem Heizmaterial. Die Kisteln sind russische Holzminen. Habt ihr die Explosion gehört? Neben mir hat es einen zerrissen!"

Das Zelt blieb stumm. Neben mir lag der Gefreite Keilholz, mein Freund und ein tiefgläubiger evangelischer Christ, mit dem ich meine Meinung über den Wahnsinn dieses Krieges und die politische Verblendung immer teilen konnte. Der Gefreite Keilholz, der sich meist kein Blatt vor den Mund nahm und sagte, was er dachte, hat gemeint: „Da haben sie uns in der Kaserne stundenlang üben lassen, wie man eine Ehrenbezeugung mit und ohne Kopfbedeckung macht, aber wie eine russische Holzmine ausschaut, haben sie uns nicht beigebracht. Für diese Erkenntnis muss wieder einmal einer sterben …" Keiner hat ihn zurechtgewiesen – in der Kaserne wäre das ganz anders gewesen, da hätte der kleine Feldwebel Mohr sicher gesagt: „Keilholz, reden S' nicht so saudumm daher!" Aber jetzt war er auch ganz still. Wir starrten auf den feuerlosen Zeltofen und fühlten, wie die Kälte durch Uniform und Mantel drang, den Rücken heraufkroch und die Finger erstarren ließ.

24 Stunden später hatten sie mit dem Heizmaterial kein Problem mehr. 24 Stunden später waren alle tot: der kleine Feldwebel Mohr, der Oberjäger Eitzenberger und mein Freund, der Gefreite Keilholz.

Die Turmuhr, die am Karfreitag sieben Mal schlug

Die Spitalkirche in der Maria-Theresien-Straße in Innsbruck hat inmitten des beliebtesten Geschäftszentrums eine etwas schwierige Lage. Sie steht in der Hektik des Verkehrs, der Lokale und der blitzenden Schaufenster. Ihre Funktion als Spitalkirche hat sie schon vor 150 Jahren verloren, als das alte Spital verlegt wurde. Der Friedhof hinter ihr ist schon längst verbaut. Jetzt versucht sie, sich als Insel der Stille mitten im flutenden Lärm zu behaupten – nicht ohne Erfolg. Sie umfängt den Beter mit warmer barocker Pracht und präsentiert auf dem linken Seitenaltar Innsbrucks schönstes Kreuz. Unter ihm steht das Bild der „Muttergottes vom Guten Rat". Die dunklen Bänke davor sind immer wieder aufgesuchte Horchposten in das stille Land der ewigen Güte, obwohl wenige Meter von ihnen entfernt Einheimische vorbeihasten und Gäste in allen Sprachen vorüberplaudern, Straßenbahnen über die Schienen rumpeln und Schaufenster allen Glanz der Welt feilbieten.

Ich gehe auch gern in dieses leise Reduit. Die Kirche liegt nahe an der von mir oft benützten Bushaltestelle. Aber da ist noch etwas anderes. Die Spitalkirche zum Heiligen Geist birgt eine Erinnerung. Denn einmal hat ihre Turmuhr in mein Schicksal hineingeschlagen.

Es begann eigentlich damit, dass im „tausendjährigen Reich" in Innsbruck alle Klöster aufgehoben und einige ihrer Kirchen gesperrt wurden. So mussten auch die Söhne des heiligen Franziskus ihre Wache am Grabmal Kaiser Maximilians und Andreas Hofers in der Hofkirche aufgeben. Die Kirche wurde gesperrt. Die Patres haben dann ihre Gottesdienste in der Spitalkirche gehalten. Meine Mutter war dort fast täglich Besucherin. Es war eine schwere Zeit für sie. Im Land herrschte Rechtlosigkeit und Terror, der mit Hausdurchsuchungen bis in unsere Wohnung reichte. Und später waren die Söhne bei den Soldaten, irgendwo an der Front.

So kam die Karwoche des Jahres 1942 heran. Damals wurde die Liturgie in frühester Morgenstunde gefeiert – mit einer traditionell äußerst geringen Beteiligung der Gläubigen. Es haben sich um fünf Uhr früh nur wenige versammelt, um den ergreifenden Zeremonien des Karfreitags zu folgen. Meine Mutter nahm an der Liturgie des Leidens Jesu teil. Um sieben Uhr war der Gottesdienst zu Ende. Sie stand auf und ging nach Hause. Als sie die Maria-Theresien-Straße überquerte, schlug die Turmuhr sieben.

Die Nacht von Gründonnerstag auf Karfreitag war die schlimmste dieser schrecklichen Woche in der Schlacht am Ilmensee. Wir lagen am Rande einer Waldwiese, 150 Meter vor uns hatte sich am Abend ein sibirisches Scharfschützenregiment eingegraben. Das Thermometer zeigte 52 Grad unter Null. Der meterhohe Schnee war wie Staubzucker. Die Kälte war lähmend – es kam immer wieder vor, dass Soldaten sich in ihren Löchern nicht mehr rührten. Bei Tag war es wegen des ständigen Feuers nicht möglich, und bei Nacht fehlte so manchem die Energie, sich zu bewegen. Eben hatte man einen meiner liebsten Kameraden zurückgebracht. Beide Beine mussten ihm später abgenommen werden. Von unseren fast 1000 Mann waren noch 70 übrig.

Ich lag mit meinem Funkgerät hinter einer niederen Mauer in der vordersten Linie. Oft konnte ich vor Kälte kaum die Tasten des Geräts bedienen. Aber als Funker musste ich wenigstens nie schießen. Da kam mitten im Trommelfeuer der Stalinorgeln der Befehl, wir sollten am Morgen um halb acht Uhr angreifen. Über die Waldwiese hinweg, bei einem Meter Pulverschnee – und auf der anderen Seite ein Scharfschützenregiment. Der Major, der ein sehr verantwortungsbewusster Offizier war, weigerte sich. Er wurde abgelöst. So erwarteten wir den Morgen des Karfreitags.

Beim Schlag der Turmuhr überfiel meine Mutter mitten auf der Straße plötzlich der Gedanke, ich sei in großer Gefahr. Sie hatte keine Ahnung, wo ich mich in den Weiten Russlands herumtrieb. Später hat sie mir erzählt, die plötzliche Beklommenheit und das Angstgefühl seien so groß gewesen, dass sie auf der Stelle umgekehrt und in die Kirche zurückgegangen war. Vor dem Bild der „Mutter Gottes vom Guten Rat" blieb sie knien.

Das ist auch etwas, woran man oft nicht denkt: Der Krieg war für Mütter und Frauen schrecklicher als für den Sohn oder den Mann an der Front. Die ungewissen Ahnungen unvorstellbarer Schrecken waren sicher oft schwerer zu ertragen als die Realität.

Als um sieben Uhr eine leichte Dämmerung über die in der Kälte erstarrten, zerschossenen Wälder kam, griffen die Russen an. In breiten Wellen kamen sie über die Wiese, hatten aber fürchterliche Verluste. Immer neue Wellen rollten auf uns zu. Die vordersten Spitzen schoben sich bis auf 30 Meter heran. Aber hinter ihnen pflügte die deutsche Artillerie den Wald buchstäblich um. Es muss Hunderten Soldaten das Leben gekostet haben.

Um halb acht Uhr stand meine Mutter in der Kirche auf und ging nach Hause.

Um halb acht Uhr riss mir eine russische Kugel die Funktaste aus der Hand. Der Soldat neben mir erhielt einen

5. Station
Ramuschewo (Ilmensee), März 1942

Kopfschuss. Aber ich hatte unsägliches Glück. Ein Schuss mitten durch den Unterarm, der weder die Knochen noch die Hauptschlagader verletzte, war unter diesen Umständen ein wahrer Segen. Mein Freund verband mich, dann kroch ich zurück. Weiter hinten stand zufällig ein Verwundetenschlitten, der in größter Eile zum Verbandsplatz zurückjagte. Als die letzten Granaten überstanden waren, feuerte ich mit einer wilden Freude den Stahlhelm in die Büsche und setzte mir die Mütze auf. Ich war gerettet und der Hölle entronnen.

Viel später, als ich auf Genesungsurlaub nach Hause kam, habe ich die Erzählung meiner Mutter von ihrem Karfreitagserlebnis mit dem Schlag der Turmuhr der Spitalkirche und dem, was in den Wäldern vor Ramuschewo zur gleichen Zeit geschah, verglichen. Es stimmte alles genau. Von sieben bis halb acht Uhr, während des Gebets, war die größte Gefahr mit der rettenden Verwundung.

Eigentlich habe ich mich lange gesträubt, diese Erlebnisse niederzuschreiben. Ich mag an sich Veteranengeschichten nicht. Den Krieg habe ich so verabscheuen gelernt, dass ich mir keinen Kriegsfilm anschaue. Ich möchte niemals den Eindruck erwecken, als wollte ich mit irgendwelchen „heroischen" Erinnerungen spielen. In diesem Elend war nichts „Heldisches". Und das, was ich von diesem Tyrannenstaat erfahren hatte, hätte sowieso alle erhabenen Gefühle zerstieben lassen.

Aber etwas anderes war da – und nur deswegen habe ich diesen Karfreitag 1942 dem Vergessen entrissen. Das möchte ich denen, die dafür irgendeine Antenne haben, weitergeben: das Wissen – du bist in Gottes Hand. Du bist immer in Gottes Hand. Ich wäre auch in seiner Hand gewesen, wenn der sibirische Scharfschütze mit seinem Gewehr gewackelt hätte und ich eine andere, viel weitere Reise angetreten hätte als die zurück zum Verbandsplatz. Gott hat es damals nicht gewollt. Mit dieser Fügung zwischen dem Gebet einer Mutter in der Kirche der Heimatstadt und dem Schlachtfeld am Ilmensee am Karfreitag hat Er mich daran erinnern wollen, dass die Geschicke, mögen sie laufen, wie sie wollen, immer in seiner Hand sind. Und Er wollte mir auch einprägen – für mein späteres Leben als Seelsorger –, dass das Gebet etwas Großes ist.

Über dieser Welt, die heute mit dichten Netzen unsichtbarer Kommunikation überzogen ist, die bis zum letzten Winkel, bis zum letzten Handy reichen, gibt es auch ein anderes Netz – das Netz der Beter. Es gibt Radiowellen des Gottvertrauens, die sich allen physikalischen Überprüfungen entziehen, die in die Unendlichkeit strahlen und von dort wieder zurückgeworfen werden auf die Erde. Diese Netze des Gebets hat Gott in seine Vorsehung eingebaut, als geheime Kanäle des Heils auf den Frequenzen der Liebe. Der Herr wollte, dass diese oft so schreckliche Welt doch eingehüllt bleibe in dieses tröstliche Gespinst des Füreinander-Betens, in dieses Kokon der flehenden Liebe und Sorge. Sichtbar wird das alles erst am Ende der Zeiten werden, aber hie und da gibt er uns ein wenig von diesen geheimnisvollen Wirklichkeiten preis, wie damals im Zusammenspiel von Turmuhr und Trommelfeuer und mütterlichem Gebet und dem Weg einer Kugel aus einem Scharfschützengewehr.

Wir dürfen nicht immer hoffen, dass Gott seine Verheißungen wörtlich wahr macht (in den Wäldern am Ilmensee sollen 30.000 Tote geblieben sein). Aber ganz unabhängig von den Details unserer Geschicke, von unseren Sehnsüchten und Erwartungen, die sich ja oft auf irdische Erfüllungen beziehen – eines ist entscheidend: Wir dürfen in das große Urvertrauen eintauchen!

Die Schwingtüre

Das Stichwort, das diese Erinnerung beschworen hat, hieß „Kaunas". Diese litauische Stadt tauchte vor mir aus dem Nebel der Vergangenheit auf, als ich zufällig in einem Artikel über den jüdischen Philosophen Levinàs las, dass er in Kaunas geboren sei. Dieser große, später in Frankreich wirkende Denker gehört zu den Entdeckern des Du in unserer ichverliebten und in eigener Identitätssuche sich verlierenden Zeit.

Kaunas! Diese wunderbare Stadt am Njemen hat mich im Jahre 1942 aufgenommen. Obwohl damals gerade zaghaft der Frühling begann, lag für mich über Stadt, Land und Menschen ein Hauch jener Traurigkeit, der für mich immer über das Baltikum gebreitet war. Man hat dort zu viel mitgemacht – von allen Seiten. Und alle Seiten waren brutal.

Ich muss ein bisschen ausholen. Ein unbekannter sibirischer Scharfschütze hatte mir am Karfreitag einen so glatten und in den Folgen harmlosen Armdurchschuss beschert, dass ich den Geisterschützen zu meinen großen Wohltätern zählen muss. Es wäre mir ein Vergnügen, ihn auch heute noch auf einen vierwöchigen Tirolurlaub einzuladen. Aber wenn wir auch nur wenige Meter voneinander entfernt waren – der Austausch von Visitenkarten wäre in den Wäldern am Ilmensee schwierig gewesen. Aber ich kann ihm nie vergessen, dass er mich aus dem Schrecken der Front und der mörderischen Kälte herausgeschossen hat.

Und so rollte ich in einem gut betreuten Sanitätsviehwaggon nach Westen. Die Stimmung hob sich mit dem Quadrat der Entfernung zur Front – und so trudelten wir nach einigen

Tagen in Kaunas ein, der Hauptstadt Litauens. Dort begegnete ich meiner zweiten großen Wohltäterin. Es ist unglaublich, welcher Mittel sich die göttliche Vorsehung bedient. Meine zweite Wohltäterin war kein sibirischer Scharfschütze, sondern eine russische Laus. Ich hatte zwar keine Läuse – aber bei der offiziellen Entlausung im Kriegslazarett wurden anscheinend einige vorhandene gleichmäßig verteilt. Das liebe Tierchen verpasste mir das Wolhynische Fieber, eine malariaartige akute Infektionskrankheit, die mich später Richtung Heimat in Marsch setzte und mir ein paar Wochen Atempause verschaffte. Seit dieser Begebenheit habe ich es mir abgewöhnt, von „lausigen" Zeiten zu sprechen.

Zunächst ließ sich also Kaunas gut an. Die große, für damalige Begriffe sehr moderne Klinik barg eine vierstellige Zahl von Verwundeten. Man war gut betreut und genoss den Traum eines weißen Bettes und eines von keinen Stalinorgeln und Panzergranaten gestörten Schlafes.

Eines Tages ging die Nachricht durch die Krankensäle, dass hoher Besuch zu erwarten sei: Der Reichsleiter der besetzten Ostgebiete, Alfred Rosenberg, der „Philosoph" des Dritten Reiches, gäbe sich die Ehre … Die Begeisterung der zwanzig Verwundeten in meinem Saal hielt sich ob dieser frohen Kunde in Grenzen. Die Zeit der „leuchtenden Augen" und siegreich gestreckten Arme war für Blessierte und Amputierte vorbei. Einer in der hinteren Ecke, der beide Beine erfroren hatte, stellte an den Sanitätsfeldwebel die Frage, ob man zu diesem Großereignis auch in die Aula der Klinik hinunterkriechen dürfe, und erntete bei denen, die überhaupt dazu imstande waren, ein beifälliges Gelächter, das durch die Bettenreihen plätscherte.

Aber es musste niemand hinunterkriechen. Mit vor Ehrfurcht erstickter Stimme teilte der Oberarzt mit, dass der

Herr Minister und Reichsleiter ausgerechnet unseren Saal besuchen würde – als einzigen im ganzen großen Lazarett. Krankenschwestern stürzten herein, überprüften die Verbände, zogen die Leintücher glatt, beutelten die Kopfkissen und machten uns zu einer richtigen Blessiertenparadetruppe. Es fehlte nur noch der Präsentiergriff mit den Krücken, die manche neben dem Bett liegen hatten.

Für mich, den Theologiestudenten, war die Sache um einen Grad dramatischer als für meine Kameraden. Ein Jahr vorher war ich noch Gestapohäftling gewesen (wegen „Widerstandes gegen die Staatsgewalt" – so bezeichnete man in der Amtssprache des Reichssicherheitshauptamtes den Versuch, eine Protestwallfahrt zu organisieren). Ich wusste, dass Alfred Rosenberg einer der schärfsten Kirchenhasser der Partei war. Ich hatte sein Buch, den „Mythos des 20. Jahrhunderts", ein Stück weit gelesen, bis es mir zu fad wurde. Aber ich wusste, wie er dachte. Er hatte auch einmal eine abfällige Bemerkung über die verdächtige Rassenmischung der Tiroler gemacht – im Zusammenhang mit einem Angriff auf einen Jesuitenphilosophen in Innsbruck. Ich hatte also sozusagen alle Voraussetzungen für eine angenehme Begegnung mit Alfred Rosenberg.

Einen Vorteil hatte ich allerdings: Im Augenblick war ich ein verwundeter Held. Und diese Kategorie der Frontsoldaten behandelte man im Allgemeinen mit einer gewissen Vorsicht – wahrscheinlich aus dem Gespür, dass der propagandistisch überall verkündete Kampfgeist der Truppe ein dünnes Eis geworden war, dünner als die letzten Reste draußen auf dem Njemen. In dem Bewusstsein, dass mich, den wunden Krieger, alle da oben gern haben konnten, legte ich in einem Anfall von Übermut mein graues kleines Neues Testament mit sichtbarem Kreuzaufdruck und frommen bunten Einmerkbändchen auf das Nachtkästchen. Schauen, wie er dreinschauen wird, der Herr Reichsleiter.

Die Tür geht auf. Alfred Rosenberg in Parteiuniform hat eine funkelnde Eskorte: einen Feldmarschall, mehrere Generäle, diverse andere Goldfasane aus Partei und SS und dazu die vor Aufregung bibbernden medizinischen Fachkräfte – den Oberstabsarzt, den Stabsarzt, den Oberarzt, den Assistenzarzt. Sie umschwärmten Bett für Bett. Der jeweils zuständige Arzt gibt detaillierte Erklärungen zu den Verletzten, und der Herr Reichsleiter geruht, jeden zu fragen: „Woher sind Sie?" und „Was sind Sie von Beruf?"

Die Wolke der Würdenträger kommt immer näher. Ich bin der Letzte von den zwanzig im Saal. Ich kann nicht sagen, dass ich Rosenberg gleichgültig entgegengesehen habe. Da war nun einer von jenen, hinter denen die ganze Welt des Schreckens stand, all das, was Juden und bekennende Christen, rassisch „Minderwertige" und „Lebensunwerte" bedrängte – der organisierte Hass, die Propagandalügen, die absolute Rechtlosigkeit, die Willkür in den Gefängnissen, die Konzentrationslager, die Verhaftungen, die Bespitzelungen, die Verhöre, die langsam verrinnenden Stunden in der Isolationshaft, die immer näher kommenden Stiefel, die hart durch den Gang hallen, die knirschenden Schlüssel, der Ruf „Raus zum Verhör!" Da ist er nun – Alfred Rosenberg, einer von denen, die dieses ganze Elend zu verantworten haben.

Aber meine Unterhaltung mit ihm beschränkt sich auf ein Wort. Er hat nicht auf den erläuternden Oberarzt gehört. Er hat sofort das Neue Testament auf dem Nachtkästchen gesehen. Er war völlig irritiert. Er schaut mich an – es waren keine guten Augen, ich werde sie nie vergessen – und sagt: „Wo sind Sie zu Hause?" Und ich sage langsam und deutlich: „In Tirol!"

Da dreht sich Alfred Rosenberg brüsk um und geht, die zweite Frage hat er nicht mehr gestellt. Und dann ist der Spuk vorbei.

Ich habe seine Augen nie vergessen. Sie sind mir wieder eingefallen, wie ich 1946 im Rundfunk das Urteil über Alfred Rosenberg in Nürnberg gehört habe: Death by hanging –Tod durch den Strang …

Wenige Tage später streife ich im Schlafrock des Patienten durch das Haus und gerate ins Souterrain, wo die Versorgungseinrichtungen und Magazine untergebracht sind. Ich wandere durch schlecht beleuchtete Gänge und alle möglichen Gerüche. Und dann komme ich zu einer schweren Schwingtüre. Ich reiße sie auf – und vor mir steht ein jüdischer Häftling, im Drillich mit dem Judenstern, abgehärmt, die Arme über der Brust verkrampft … Er ist zu Tode erschrocken. Er muss natürlich trotz meines Schlafrocks annehmen, dass ich ein deutscher Soldat bin. So erschrocken er ist, so betroffen bin ich. Wie soll ich ihm sagen, dass er vor mir keine Angst zu haben braucht? Und dass ich ein Jahr vorher die gleiche Sträflingskleidung getragen habe und weiß, was es heißt, der SS ausgeliefert zu sein.

Wir sind beide stumm. Wahrscheinlich hat er als Angehöriger irgendeines Trupps für Schmutzarbeiten etwas Essbares in den Kellern erbeutet und hat nun tödliche Angst, von der Aufsicht ertappt zu werden. Ich versuche ihm zuzulächeln und halte ihm die schwere Schwingtüre auf, damit er seine armselige Beute rasch in Sicherheit bringen kann. Er schaut mich nur groß an – dann huscht er durch. Ich lasse die Schwingtüre zufallen und gehe weiter. Ich bin fest entschlossen, eine eventuell nachkommende Wache etwas aufzuhalten. Ich weiß, wie man das macht. Ich werde in höchst dienstlichem Ton fragen, ob sie vielleicht Major Hofmann gesehen habe. Der nichtexistierende Major Hofmann hat mir schon öfters gute Dienste geleistet. Die Wache wird sicher ein paar Augenblicke stehenbleiben. Beim Wort „Major" bleiben sie alle stehen. Aber ich sorge mich umsonst. Es kommt niemand. Die Wache hat einen anderen Ausgang gewählt.

Ich habe auch diese Begegnung in Kaunas nie vergessen, so wie mir Rosenberg bis heute nicht aus dem Sinn gekommen ist. Wenn ich Nestroy wäre, könnte ich sagen, ich hätte das Dritte Reich in Kaunas „zu ebener Erde und im ersten Stock" kennengelernt – den Sträflingskittel mit dem Judenstern und die Großinszenierung nationaler Überheblichkeit und pseudoheroischer Eitelkeit, den entwürdigten Menschen und den aufgeplusterten Übermenschen. Und ich habe nichts anderes tun können, als dem einen die Schrift hinzulegen und dem anderen die Schwingtüre aufzuhalten … Es ist doch zutiefst beschämend.

Auch diese Schwingtüre im Krankenhauskeller in Kaunas hat sich im Gedächtnis festgesetzt, diese hilflose Geste des Aufhaltens, damit der Gehetzte durchhuschen kann. Die Schwingtüre ist ein Symbol. Ist denn der immer wieder zuschlagende Judenhass nicht wie die Automatik einer Schwingtüre, seit mehr als tausend Jahren? Der Holocaust hatte ja eine Vorgeschichte, die vornehmlich die Christenheit betrifft. Sie hat doch immer wieder zugeschlagen, die Schwingtüre der Pogrome und der brennenden Synagogen, der Vertreibungen und der Rechtlosigkeit. Gewiss hat sie hie und da einer aufgehalten, wie ich mit der lächerlichen Geste in Kaunas.

Da gab es einen Papst, der im Mittelalter die Ritualmordverleumdung bei Strafe der Exkommunikation verbot, hie und da einen Kaiser, einen verständigen Landesfürsten, die

die Türe aufgehalten haben. Und dann sind ein paar hindurchgehuscht. Aber beim nächsten Erdbeben, der nächsten Seuche, der nächsten Hungersnot ist die Schwingtüre schon wieder zugeschlagen. Sie war in den Angeln des Vorurteils, des Aberglaubens, einer falschen Bibelauslegung und der Massenhysterie zu gut geölt. Und so hat die Automatik der Unmenschlichkeit durch die Jahrhunderte immer wieder funktioniert.

Wenn ich an Kaunas und diese Kellerszene denke, möchte ich alles tun, dass dieses verdammte Möbelstück aus der Welt – und der Kirchengeschichte verschwindet. Nach diesem Jahrhundert und seinen Schrecken dürfen wir uns nicht mehr mit ein bisschen Aufhalten begnügen, wir müssen die Schwingtüre des Vorurteils in den Kellern unserer Seele aushängen und auf den Sperrmüll der Geschichte werfen. Das bin ich dem Blick des gehetzten jüdischen Sträflings schuldig.

Denn der jüdische Philosoph Levinàs, der die Würde des menschlichen Du neu entdeckt hat, stammte doch aus Kaunas …

Zu dieser Geschichte habe ich keine Zeichnung gewagt. Da passen keine verspielten oder karikierenden Kritzeleien. Da müsste ich zeichnen können wie Goya, Käthe Kollwitz oder Kubin. Und das kann ich nicht.

Die Mühle

Musikclownerien habe ich mir im Fernsehen immer gerne angeschaut. Ich habe sowohl die Virtuosität im Umgang mit Stimme und Instrumenten bewundert, wie auch den sprühenden Witz. Was ich hier erzähle, ist eine musikalische Burleske eigener Art. Sie entstand nicht auf der Bühne oder im Kabarett, sondern im musisch unterbelichteten Soldatenalltag. Unter die Räder gekommen ist dabei ein ganz unschuldiges Volkslied, das niemals dazu geschaffen war, Marschkolonnen anzufeuern. Es ist das Lied von der „Mühle im Schwarzwäldertal", die in der ersten Strophe „leise vor sich hin klappert". Und im Refrain heißt es dann:

> „Und wo ich geh und steh,
> im Tal und auf der Höh,
> da liegt mir die Mühle, die Mühle im Sinn,
> die Mühle vom Schwarzwäldertal."

Sie ist mir unauslöschlich im Sinn liegen geblieben, aber nicht als romantische Erinnerung.

Wir waren eine Marschkompagnie, zusammengestellt aus ehemaligen Verwundeten. Man hatte uns in Fürth bei Nürnberg in der Turnhalle eines Gymnasiums untergebracht. Dort harrten wir mit mäßiger Begeisterung auf unseren neuerlichen Abtransport an die Front. Dieses Reiseziel bewirkte bei alten Hasen, von denen jeder schon ein Andenken erhalten hatte, keine fröhliche Aufbruchsstimmung. Aber vorläufig lagen wir in der Turnhalle auf dem Boden und waren ganz zufrieden. So harmlos verbrachte Tage sind für den Soldaten ein Gottesgeschenk. Unsere Ansprüche waren auf ein gefülltes Kochgeschirr und sonst „In-Ruhe-gelassen-Werden" reduziert. Aber die militärische Führung über uns war der Überzeugung, dass Soldaten bewegt werden müssen wie Pferde und Mulis, und nicht so lange im warmen Stall bleiben dürften. Und so verordnete man der Kompagnie einen Ausmarsch.

Das Kommando über die lustlos durch die Landschaft trottende Einheit hatte ein Oberfeldwebel, der durch sein permanentes Geschrei schon mehrmals unseren Unmut erregt hatte. Irgendwie waren wir ja an Geschrei gewöhnt – es wurde beim Militär erst leiser, wenn man sich der Front näherte – und vorne verstummte das Kasernenhofgeplärr. Aber dieser Mann strapazierte unsere Nerven. Mein Nachbar auf dem Turnsaalboden, ein junger Student der Geschichte des Altertums, meinte zu diesem Oberfeldwebel, er sei der letzte Nachkomme des ägyptischen Pharaos A-so-a-tep. Ich habe mir diese selten geistvolle Qualifikation gemerkt.

So bogen wir in eine lange Pappelallee, die durch ein Wiesental führte, links und rechts gesäumt von herbstlichen Wäldern. Es war ein friedliches Ambiente.

Da kam unser Herr Oberfeldwebel auf die Idee, dass der müde Haufen zwecks Auffrischung soldatischen Geistes und Weckung heroischer Einstellung singen sollte. An sich war das ein völlig abwegiger Gedanke. Wiedergenesene Verwundete, die zurück an die Front sollen, haben keinerlei Sehnsucht nach zackigen Marschliedern. Die forschen Gesänge, mit denen man Rekruten beglückt hatte, üben keine Faszination mehr aus. Aber unser Stratege dachte anders. Er brüllte: „Singen – ein Lied!" Mit diesem Ruf pflegte man in der deutschen Wehrmacht die Muse zu wecken. Aber aus den

Reihen kam kein Liedvorschlag. Da ergriff der Oberfeldwebel die Initiative und schrie:

„Die Mühle!"

Dieses Gebrüll passte eigentlich gar nicht zu der stillen Mühle im Schwarzwäldertal, die da leise vor sich hin klappert. Aber unser Stratege träumte eben von einer kraftvoll ausschreitenden Eliteeinheit mit über Wiese und Wald schallendem deutschen Männerchor. Und so zählte er im Marschtritt ein:

„Drei … Vier … !"

Aber der Einsatz der Krieger war kläglich. Nach einem lustlosen Krächzen vorne verebbte der Gesang in den rückwärtigen Reihen völlig. Das Mühlrad kam nicht ins Laufen.

Der Oberfeldwebel ließ halten, brüllte irgendetwas von „lahmer Haufen" und „auf Trab bringen" und „Feuer unter dem Hintern machen" und erging sich in massiven Drohungen. Dann ließ er wieder marschieren. Kaum hatten wir Tritt gefasst, ertönte wieder das energische „Drei, Vier!". Und wieder ging alles ins Kraut.

Das brachte nun den stimmgewaltigen Chef in Wut. Er witterte Befehlsverweigerung und Meuterei und schrie außer sich:

„Kompagnie haaalt! – Die ganze Kompagnie – auf die Bäume!!"

Wir waren zwar Gebirgsjäger, aber nicht fürs Klettern auf die Bäume ausgebildet. Aber Befehl ist Befehl. Die Kompagnie bestieg die Pappeln. Auf meiner Pappel waren wir unser drei. Es war ein ungewohnter, eindrucksvoller Anblick. Man kommt sich als Soldat ja öfters wie ein Affe vor, aber hier wurde der Rückzug auf die Ursprünge der Evolution besonders deutlich.

Der große Musikpädagoge stand mit rotem Kopf allein auf der Straße, stemmte die Fäuste in die Hüften und schrie: „Die Mühle! Drei, Vier!"

Aber in dieser Situation hätte nicht einmal ein geschulter Opernchor einen harmonischen Gesang geschafft. Der Erfolg war dementsprechend. Aus den Bäumen plätscherte Gelächter herunter, aber die Mühle klapperte nicht.

Wir mussten wieder in Marschformation antreten. Und mit der alle Schwierigkeiten und Widerstände durchbrechenden Konsequenz und kasernenhoferprobter Führungsstärke probierte er es tatsächlich noch einmal. Und wieder ging es daneben, weil wir nicht wollten. Nach dem Baumausflug schon gar nicht mehr.

Und nun verließ ihn buchstäblich der Verstand. Er wies mit der Hand auf das Gelände zur Rechten und schrie:

„Der ganze Haufen – Richtung Wald – marsch, marsch!!"

Und das war ein Fehler. „Marsch, marsch" heißt „laufen". Der Oberfeldwebel hatte nicht bedacht, wie blitzgeschwind und wortgetreu kampferprobte, alte Soldaten Befehle ausführen. Wir fegten über die Wiesen, übersprangen kleine Gräben, hasteten wie beim Sturmangriff durch Sträucher, bis uns der Wald umfing. Weit hinten auf der Straße stand der Feldherr ohne Truppe, fuchtelte wie wild mit den Armen und brüllte wahrscheinlich etwas, das wir nicht mehr hörten. Er hatte „Richtung Wald" befohlen – und wir waren nun im Wald, der uns mit seinen herbstbunten Kronen bedeckte und von Gelächter widerhallte.

Wir waren auf den Waldwegen gemütlich heimwärts gezogen. Einige sind eingekehrt. Aber beim Dienstappell am Abend waren alle wieder da. Keiner ist desertiert.

Und es ist nichts passiert. Der Oberfeldwebel, der den herben Verlust einer ganzen Kompagnie melden musste, verschwand. Vielleicht wurde er als Musikpädagoge in eine größere Garnison versetzt. Aber die Baumchoreinlage hätte ihm auch anderorts in der deutschen Wehrmacht

Schwierigkeiten gebracht. Und der dumme Laufbefehl in den Wald ebenso.

Viele Jahrzehnte später bin ich wieder nach Fürth gekommen, zu Einkehrtagen für die Pfarrgemeinde. Auf der Fahrt vom Nürnberger Hauptbahnhof nach Fürth habe ich meine Gastgeber gefragt: „Ich bin im Krieg in Fürth gewesen, in einem Gymnasium, nahe einer Bahnunterführung …?" Sie sagten: „Das ist das einzige Haus, das von den Bomben verschont blieb. Es steht noch. Wir fahren gleich vorbei …" Da stand es tatsächlich in seiner Vorkriegsarchitektur. Ich glaube, ich habe sogar das Dach der Turnhalle gesehen. Und als ich mein Erlebnis zum Besten gab, sagte man mir: „Die Allee existiert auch noch!" Aber ich habe sie nicht aufgesucht.

Etwas später musste ich Exerzitien im Schwarzwald halten in einer wunderbaren Waldgegend. Irgendwo, habe ich mir gedacht, wird die Mühle in einem Tal noch leise vor sich hin klappern. Wenn ich sie sehen könnte, würde ich mich entschuldigen. Aber im Krieg kommt eben vieles unter die Räder. In diesem Falle ein kleines, unschuldiges Volkslied.

Die Goldene Stadt

Ein Militärtransportzug ist alles andere als ein Reisevergnügen durch schöne Landschaft und Kultur, wie das heute in unzähligen Angeboten vorgeführt wird. Ein Truppentransport in einem Krieg ist ein Versand von Menschenmaterial und Waffen von einem Einsatzort an einen anderen. Meistens führt er noch dazu durch ein Land, in dem sich die Sympathien für die Besatzer in Grenzen halten. Man ist alles andere als ein willkommener Gast. – Auch unser Transportzug rollte unter diesen Auspizien von Pilsen ostwärts durch das Tal der Beraun.

Aber den Augenblick, als wir an einem wunderbaren Oktoberherbstabend die Moldau überquerten und das ganze alte Prag im schönsten, milden Licht vor uns lag, vergesse ich nicht. Es war eine geradezu unwirkliche Schönheit der Türme, Brücken, Kuppeln und Dächer der Altstadt und der Kleinseite, gekrönt vom Hradschin und dem gotischen Filigran des Veitsdoms.

Der Grund, warum ich das alles in diesem Moment mit etwas anderen Augen sah als meine Kameraden, lag in einem Kindheitstraum. Vater und Mutter hatten als junges Paar im Ersten Weltkrieg einige Zeit in Prag verbracht und haben in ihren Erzählungen immer wieder von der Schönheit der Goldenen Stadt geschwärmt. Und so war diese Stadt mit ihren Palästen, Gassen und Kirchen, mit Judenfriedhof und Alchemistengässlein in der kindlichen Fantasie verankert, Bilder und Bücher hatten nachgeholfen – und nun war sie auf einmal im Festgewand eines Herbstabends vor mir.

Die Vision währte nur kurz. Dann war der graue militärische Alltag wieder da. Wir wurden auswaggoniert, mit viel Kommandos und Geschrei, und dann ging's durch nüchterne Vorstadtstraßen zu einer Kaserne. Ich glaube, das Stadtviertel hieß Werschowitz. Die Kaserne war in unverwechselbarem altösterreichischem Stil erbaut und hatte sich aus der Monarchie bis in den Zweiten Weltkrieg herübergerettet. Aber alte Kasernen haben bei mir nie heimatliche oder patriotische Gefühle geweckt. Kasernen werden nicht mit dem Blick aufs Gemüt gebaut. Die Truppe, mit der ich hier einzog, war außerdem von besonderer Art – was die allgemeine Stimmung dämpfte. Wir waren lauter ehemalige Verwundete des schrecklichen Winters 41/42 in Nordrussland, die man nun in den Lazaretten für den nächsten Einsatz fitgemacht hatte. In solchen Reihen marschiert man mit ganz anderen Gefühlen denn als unbelasteter Rekrut. Jeder birgt in seiner Erinnerung einen Granatsplitter, einen Bombeneinschlag, einen Gewehrschuss, eine Leuchtspurgarbe, die ihn erwischt hat, und Ähnliches. Darum sind Marschkompanien keine Einheiten mit heroischer Hochstimmung, da nützt auch die flammende Ansprache des Kommandeurs gar nichts.

Wir wussten, dass wir als Gebirgsjäger nach Nordkarelien kommen sollten, dorthin, wo in Sumpf und Wald Wolf und Wildgans einander endgültig gute Nacht sagen und wo man in endlosen Langläufen über zugefrorene Seen einen Akia mit den Waffen schleppen muss – wie ein Polarhund … Und die Chancen zum Überleben werden so schlecht sein wie gehabt. Nein, in unseren Köpfen kreiste kein Verlangen nach Abenteuer.

Und so geschah in dieser Kaserne in Werschowitz etwas, was ich sonst nie geübt habe: Ich habe mich freiwillig gemeldet.

Es hieß plötzlich, man könnte sich zum Afrikakorps melden. Ich bin mir bis heute nicht klar, was bei diesem Schritt überwogen hat – die Erinnerung an den schrecklichen russischen Winter oder der hintergründige Gedanke, dass ich in diesem Krieg, an dessen Endsieg ich nie glaubte, am Ende doch lieber im Westen sein wollte. Ein Gefangenenlager in den Rocky Mountains oder in Ägypten schien mir bedeutend attraktiver als eines in Sibirien. Jedenfalls – als der Befehl mit der Möglichkeit, sich zum Afrikakorps zu melden, verlesen wurde, habe ich die Hand gehoben. Aber mit mir noch hundert andere, die wahrscheinlich ähnlich motiviert waren wie ich, auch wenn niemand das aussprach.

Nach einigen Tagen tauchte in der Kaserne ein Oberstabsarzt mit einem ganzen Team von Ärzten und Helfern auf und wir wurden äußerst gründlich untersucht. Die normalen Fronttauglichkeitsprüfungen begnügten sich meist mit kurzen Blickkontakten und einer Bewegung des lädierten Körperteils. Aber hier ging es nun ganz genau zu.

Von den hundert Freiwilligen waren schließlich nur acht tropentauglich. Ich war der achte, mit „St" der Letzte im Alphabet. Wir waren froh. Heimlich sandten wir nach Russland, Karelien, den Waldkrieg und die bittere Kälte den üblichen Abschiedsgruß eines Obergefreiten, den ich hier nicht wörtlich wiedergebe, weil er sich in geistlichen Büchern nicht so gut ausnimmt.

Eine Woche später wurden von den acht Tropentauglichen sieben abberufen. Man benötigte nur sieben. Ich, der achte, war nicht mehr auf der Liste. Ich musste mich wieder mit der Aussicht auf karelische Sümpfe, Urwälder und arktische Winter abfinden. Die sieben Glücklicheren reisten ab. Sie haben das Edelweiß der Gebirgsjäger gerne mit der Khaki-Uniform des Afrikakorps vertauscht. In Italien gingen sie an

Bord des Transportschiffes nach Tunis. Bei Pantelleria wurde ihr Schiff von einem U-Boot torpediert. Alle sieben fanden den Tod in den Wellen.

Ich kam etwas später auch auf ein Schiff, in Danzig. Bei einem Orkan in der Ostsee gab es auch auf unserem Schiff U-Boot-Alarm. Auf der Höhe von Stockholm kehrten wir um. Aber wir wurden nicht torpediert. Die Überfahrt nach Finnland verzögerte sich nur etwas.

Ich habe mich nie mehr freiwillig gemeldet, sondern alles kommen lassen, wie es kommt. Es ist gut, dass man nie im Voraus weiß, was die Zukunft bringt.

Wie ich nach dem Krieg wieder zu Hause war, hatte ich das erste Mal Zeit, den Schreibtisch meines verstorbenen Vaters aufzuräumen. Da stieß ich unter den alten Schriften auf einen Brief, in dem mein Vater im Jahre 1917 bei meinem Großvater mütterlicherseits in aller Form um die Hand meiner Mutter anhielt, wie das damals üblich war. Der Brief meines Vaters, der Reserveoffizier bei den Tiroler Kaiserjägern war, war zu meinem Erstaunen in der gleichen Kaserne in Werschowitz datiert, in die ich damals in der „Goldenen Stadt" eingerückt bin.

Ich habe den Brief meines Vaters sehr nachdenklich betrachtet. Mein Vater war gestorben, als ich ein Kind war. Über den Krieg haben wir beide gleich gedacht. Er war Lehrer für Deutsch, Geschichte und Geografie. Wie mir meine Mutter erzählte, hat er im Jahre 1914, als alles in Kriegsbegeisterung jubelte, zu ihr gesagt: „Dieser Krieg ist verloren – und sein Ende ist die Auflösung der österreichisch-ungarischen Monarchie ..."

Von der Kaserne in Werschowitz sollte er in die schweren Kämpfe seines Regiments in den Dolomiten kommen.

6. Station
Kudrowo, Gründonnerstagabend 1942

Da erlitt er in Prag plötzlich eine schwere Blutung – und so wurde er vom Frontdienst zurückgestellt. Wahrscheinlich hat ihm das das Leben gerettet. Ich wurde in der Kaserne in Prag nur von einer Liste gestrichen. Aber in dieser Kaserne der Goldenen Stadt müssen ein paar Schutzengel unserer Familie stationiert gewesen sein …

Der Brotholer

Wenn ich auf der Suche bin nach den kleinen Blüten der Menschlichkeit, die sich im Eiswind der Welt ducken, komme ich am Krieg nicht vorbei. Der Zweite Weltkrieg war für mich der Inbegriff des lebensfeindlichen Klimas, der Wettersturz schlechthin. Und verstehen Sie mich bitte recht – ich habe mit heroischen Veteranengeschichten nichts am Hut. Aber hie und da hat sich in der Erinnerung ein kleiner Sonnenfleck festgegraben, mitten in der düsteren Landschaft von Not, Tod und politischem Wahnsinn, so wie manchmal an einem dunkel verhangenen Regentag ein Lichtstrahl durchkommt und den schwarzen Bergwald in einem unwirklichen Grün aufleuchten lässt.

Die Erinnerung spielt auch in Wäldern, in den weiten unbewohnten Wäldern Nordkareliens, die, immer wieder von Seen und Sumpf unterbrochen, sich bis zum Weißen Meer hinüberziehen. Irgendwo erhob sich in diesem vergessensten Winkel Europas ein Waldhügel, nur einen Kilometer lang und etwa sechzig Meter hoch. Auf diesem Hügel war kein Hochwald mehr. Die uralten Föhren und die weißen Birken lagen von vielen Trommelfeuern zerfetzt und zerschlagen am Boden. Es war kein grüner Halm mehr zu sehen. Der Besitz des strategisch sinnlosen Hügels hatte 2000 Menschen das Leben gekostet. Auf der Feindseite des Hügels, an seinem Fuß, war unser Schützengraben, mit ein paar Erdlöchern und voller Schlamm. Es war eine der miesesten Stellungen, die wir je vorfanden. Das Schlimme war auch, dass der ganze Nachschub über den Hügel heruntergebracht werden musste. Und dieser Lauf zwischen gestürzten Bäumen und Granattrichtern war immer ein Wettlauf mit dem Tod. Denn die russischen Scharfschützen waren nur hundert Meter weiter drüben. Im Übrigen haben sie das gleiche Elend erlebt wie wir.

Wieder einmal ging es um das Holen von Suppe und Brot. Unsere Herren Strategen, die hinten in den sicheren Blockhäusern saßen, hatten sich noch nicht zum Entschluss durchgerungen, diese so gefährlichen Versorgungsgänge in die Nachtstunden zu verlegen. Es mussten also zwei von uns den Hügel hinauf und dann wieder hinunter. Der zerschossene Hügel mit den vielen Leichen lag in der prallen Sonne. Wenn ich mich an den Geruch erinnere, wird mir heute noch übel.

Einer von uns war für den Suppenkanister bestimmt und der zweite fürs Brot. Dieser zweite war ein besonders gutmütiger Mensch und hatte zu einem älteren Kameraden, der dran war, gesagt: „Ach was, lass mich gehen, ich bin flinker als du …"

Wir standen an der Grabenwand und schauten hinauf. Beides war heiß begehrt, Suppe und Brot. – Man kann sich gar nicht vorstellen, was Brot bedeutet, wenn man immer zu wenig bekommt. –

Am Kamm des Hügels kam von der anderen Seite herauf der sichere Laufgraben, aber dann musste man durch eine schmale Grabenlücke heraus in den vollständig eingesehenen Steilhang im hellen Tageslicht. Über der Lücke lag ein toter russischer Soldat, der mit seinem Arm in den Graben hintergriff, als wollte er ein letztes „Halt" zurufen. Man musste unter diesem Gefallenen durchkriechen.

Nun kamen beide oben am Hügel an. Der mit dem Suppenkanister sprang in wildem Zickzack durch den Kugelhagel und landete mit seiner kostbaren Last glücklich im Graben. Dann begann der mit dem Brotsack seinen

7. Station
Mitternachtssonne in Karelien, August 1943

Lauf. Auch er kam glücklich durch das Gewirr von Bäumen, Trichtern und Toten. Aber beim Sprung in den Graben traf ihn eine Kugel ins Herz. Er ist tot in unsere Arme gefallen. Das Brot kollerte aus dem Sack heraus und auf den schmutzigen Boden. Wir haben es eingesammelt und dabei hat einer ein Wort gesagt, das ich nie mehr vergessen habe: „Jetzt ist einer gestorben, damit wir das Brot haben …"

Wahrscheinlich hätte ich die ganze Szene verdrängt und vergessen wie viele andere Schrecken des Krieges – aber dieses Wort, das war doch zu nahe jenem anderen Wort der Heiligen Schrift: „Sooft ihr dieses Brot esst, verkündet ihr den Tod des Herrn" (1 Kor 11,26).

Und der gutmütige Brotsackträger, der für den anderen gegangen war, weil er gemeint hat, er sei der Flinkere – war nahe dem Bibelwort: „Es hat niemand eine größere Liebe, als wer sein Leben hingibt für seine Freunde" (Joh 15,13).

Es klingt zwar merkwürdig, aber es ist so: Der freundliche, unscheinbare Brotträger, der dann still und bleich im Graben lag und von dem ich nicht einmal mehr den Namen weiß, weil er nicht zu meinem Zug gehörte – dieser vergessene, unbedeutende Soldat ist mir kürzlich beim Fronleichnamsfest wieder in den Sinn gekommen. Da feiern wir ja auch einen, der gestorben ist, damit wir dieses wunderbare Brot haben.

Es ist immer wieder so, dass alle Hilfsbereitschaft und Hingabe, alle Einfühlung und Großmut, alles Ertragen und alles Füreinander, das da bescheiden zwischen Granitblock und Gletscherfirn der Weltgeschichte blüht, in seinen strahlenden Blumensternen ein Stück von der großen Sonne hat. Es gibt so etwas wie eine geheime, tröstliche Beziehung zwischen dem Mann mit dem Brotsack und jenem Herrn und Meister, der in der Synagoge von Kapharnaum einst gesagt hat: „Ich bin das Brot des Lebens."

Das Gloria in der Polarnacht

Der Heilige Abend des Jahres 1943 stand unter keinem guten Stern. Wir lagen zwar 100 Meter hinter der Hauptkampflinie in der Reservestellung und standen deshalb nicht in den nachtdunklen Gräben, in denen es keinen Tag mehr gab und wo man ins verschneite Niemandsland hinausstarren musste, in die zerschossenen Bäume, zwischen denen der Feind immer wieder in Schneetunnels bis vor die Postenstände kam, plötzlich wie aus dem Nichts auftauchend – nein, davor waren wir diesmal am Heiligen Abend an dieser verdammten karelischen Waldfront verschont. Aber Weihnachtsstimmung war keine in den Bunkern mit den schweren Balkenlagen. Irgendein Ehrgeizling hatte gerade noch vor dem Fest einen militärisch völlig unnützen Spähtrupp befohlen, der nichts gebracht hatte als drei tote Kameraden, für die jetzt die Briefe nach Hause gingen: „Für Führer, Volk und Vaterland" gefallen, heldenhaft und in soldatischer Pflichterfüllung. Der wütende Kompaniechef, der die Briefe schreiben musste, konnte ja nicht wahrheitsgemäß hinzufügen: „und für die Knopflochschmerzen eines Herrn da hinten", weit hinten im Soldatenheim, wo jetzt die Sektpfropfen knallten und wo man vom Krieg nie etwas spürte. Denn in den Urwäldern Kareliens war der Stellungskrieg nur eine Sache der polarnachtübermüdeten Posten vorne und ihrer Zugführer.

Es herrschte also eine dumpfe Wut in den Bunkern, obwohl einige Weihnachtsgaben den Weg nach vorne geschafft hatten. Aber wenige Tage zuvor war in den Nachrichten auch durchgekommen, dass Innsbruck am 17. Dezember schwer bombardiert worden sei – und unsere Wohnung lag in der

Adamgasse am Bahnhof. Es gab natürlich noch keine Nachricht von zu Hause.

Die alkoholischen Getränke waren zwar rationiert, aber einer unserer Unteroffiziere hatte doch zu viel erwischt, was eigentlich vorne auch in der Reservestellung kaum vorkam, weil man ja immer in Alarmbereitschaft sein musste. Aber beim Betrunkenen brach das ganze Elend durch, das nach fünf Kriegsjahren unter der immer dünner werdenden Decke soldatischer Haltung und Disziplin verborgen war. Er war aus der Industriezone Frankens, wo die Bombenangriffe pausenlos tobten, und hatte Frau und Kinder. Er torkelte zur Bunkertüre hinaus, wo in den Haltern die Gewehre und die Maschinenpistolen standen. Mein Freund ging ihm nach, weil er Unheil vermutete – und tatsächlich saß der Unteroffizier im Schnee und hielt den Gewehrlauf ans Kinn, und seine Hand tastete nach dem Abzug. Mein Freund schlug ihm im letzten Augenblick das Gewehr aus der Hand und schleppte ihn zurück in den Bunker. Auch diese Episode war nicht gerade ein Krippenspiel.

Ich habe im Lauf des Krieges übrigens in der Kampfkompanie nur den Selbstmordversuch dieses Betrunkenen erlebt und den Suizid eines verzweifelten Verwundeten, der unmittelbar mit der russischen Gefangenschaft rechnen musste. Sonst erlaubte der ständige Kampf ums Überleben den Durchbruch von Depression eigentlich nicht. Aber anscheinend galt für den alkoholisierten Oberjäger auch das, was wir bis heute um Weihnachten feststellen. Für Vereinsamte, Belastete und Depressive kann das Fest mit seinem emotionalen Hintergrund, der bis in Kindertage zurückreicht, recht gefährlich werden.

So schleppte sich ein müder Weihnachtsabend im Bunker dahin. Da kam ein Melder von der Kompanie vorbei und sagte zu mir: „Jenseits vom großen See ist ein Priestersanitäter in der Stellung, der feiert im Bunker Mitternachtsmette." (Das

8. Station
Nordlicht, Weihnachten 1943

war an sich verboten, Gottesdienste durfte nur der Militär-pfarrer halten – aber es gab Offiziere, die auf diese Vorschrift um Weihnachten pfiffen.)

Ich habe zu meinem Freund gesagt: „Meinst du, dass uns der Chef gehen lässt?" Es war eigentlich kaum zu erwarten. Aber der Zugführer ging mit uns zum Kompaniegefechtsstand und – o Weihnachtswunder – der Chef erlaubte mir und meinem Freund den Besuch. Rückblickend muss ich mich heute noch wundern. Denn der Weg zur Nachbarstellung ging über einen fünf Kilometer breiten zugefrorenen See. Und dieser See war Niemandsland. Er setzte sich zur russischen Seite hinüber fort. Wir mussten zu den Waffen auch Leuchtpistolen mitnehmen und wurden ermahnt, ja auf eventuell von der Feindseite herkommende Schispuren zu achten. Wir machten uns fertig, vom Kopf bis zum Fuß in schneeweißes Tarnzeug gehüllt.

Auf der Langlaufspur versank in der dunklen Nacht jeder Horizont. Es gibt in der Welt nicht viel Einsameres als einen gefrorenen See in Nordfinnland, mit einem Meter Pulverschnee und keiner Sicht auf ein Ufer. Das Gleiten der Schi und die Stockeinsätze sind leise. Nur seitwärts, wo die deutschen und russischen Stellungen den See erreichen, ist hie und da MG-Feuer hörbar, und eine Leuchtkugel steigt hie und da mit einem fernen, undeutlichen Schimmer. Wir fahren schnell, auch wenn wir nicht gerade die besten Langlaufbretter haben. Die guten stehen hinten beim Soldatenheim, wo die Fern-kampfstrategen tafeln. Wir vorne kriegen den Ausschuss.

Es ist ein einziges großes Schweigen. Aber irgendwie ist man froh, der drückenden Atmosphäre des Bunkers entkommen zu sein. Und ich kann heute wahrscheinlich niemandem klarmachen, was die Erwartung, eine Mitternachtsmette zu erleben, damals für uns bedeutete. Das war ein Stück Heimat des Herzens, ein Stück Menschsein und ein Hauch von Geborgenheit, den auch die verdammten Maschinengewehre mit ihrem bösen Bellen nicht stören konnten. Und so jagten wir dahin.

Auf einmal tauchte das andere Ufer auf. Wir riefen einem Posten das Kennwort zu und dann ging's nur ein Stück Richtung Feind in die Kampfstellung. Und da war ein großer Bunker mit sechs Lagen, die auch einem schweren Granatwerfer keine Chance ließen. Wir traten ein – und dicht gedrängt standen die Gebirgsjäger im Raum und der Sanitätsgefreite legte gerade die priesterlichen Gewänder an.

In der Heimat tobte ja eine brutale Kirchenverfolgung – und alle Propaganda in Schule, Hitlerjugend, Zeitung und politischer Rede war gegen das Christentum gerichtet. Aber an der Front war das anders. Ich habe als Theologiestudent in der Kampfkompanie nie ein Wort des Spottes über den Glauben gehört. Und bei den seltenen Gottesdiensten des Divisionspfarrers (die alten Regimenter hatten noch einen) lag die Beteiligung der Katholiken bei 94 Prozent. Das bringen wir in der Kirche heute nirgendwo her. Allerdings – auch damals sank die Beteiligung hinten bei den Kraftfahr-, Bäckerei- und Wurstkompanien und ähnlichen Eliteeinheiten bis auf 40 Prozent. Vorne ist das Leben ernst. Der Tod gehört zum Alltag. In manchen Stellungen wird man in wenigen Tagen und Wochen dezimiert. Spötter verstummen. Niemand schämt sich zu gestehen, dass er religiös sei. Immer wieder bekomme ich zu hören: „Ich beneide dich um deinen Glauben …"

Die Frontsoldaten, die sich da im Bunker drängen, sind keine müden Christen, die ihre Sonntagspflicht erfüllen. Man spürt, dass da in der Heiligen Nacht mitten im schrecklichen Alltag des Krieges eine leise Melodie von Heimat, Glaube und Gottvertrauen aufsteigt, auch wenn niemand davon spricht.

Wie der Priester bei der heiligen Wandlung die Hostie hebt, läuten allerdings keine Glocken. Ein russisches Maschinengewehr hämmert mit seiner Leuchtspurmunition über den Bunker, aber das ist nichts Ernstes. Nur eine Erinnerung, dass der Weihnachtsfriede nicht draußen ist, in Gräben, Stellungen und Drahtverhauen, sondern eben nur drinnen, im Herzen, im Wissen um ein letztes Gehalten- und Geborgensein, das nicht einmal ein Feuerüberfall der Stalinorgel stören kann.

Es war meine unvergesslichste Mitternachtsmesse. Nicht einmal bei einem Pontifikalamt im Dom mit Lichtorgien, Kerzen, Prachtgewändern, Chören und Orgelmusik werde ich die Intensität des Geheimnisses „Gott ist Mensch geworden" so fühlen wie in diesem stickigen Bunker mit den armseligen Hindenburglichtern und einer Karbidlampe.

Wir fahren wieder heimwärts, über den See, in Richtung unserer Stellung. Zunächst umfing uns das Dunkel der Polarnacht, aber dann – auf einmal – schoss ein Lichtstrahl vom Horizont bis zum Polarstern hinauf. Es begann eine einmalige Vorstellung des Nordlichts. Wir waren Nordlichter gewöhnt. Aber dieses Nordlicht in der Weihnachtsnacht 1943 war einmalig. Der Lichtstrahl wurde zu einer Orgel mit vielen Pfeifen, sank in sich zusammen, um als wogendes Lichtmeer über den ganzen Nordhorizont wieder aufzugehen, mit Wellen und Wogen, die manchmal grüne und rötliche Schimmer hatten. Und das löste sich wieder auf in diffuse Wolken, und die verwandelten sich in Lichtgirlanden, die von den Sternen hingen. Manchmal kamen Lichtwogen wie ein heranbrandender Tsunami über den Himmel.

Mein Freund Eugen und ich, wir sind stehengeblieben, mitten im See.

Wie heißt es im Weihnachtsevangelium? „Und in derselben Gegend waren Hirten auf dem Felde, die Nachtwache hielten bei ihrer Herde. Da trat ein Engel des Herrn zu ihnen, und die Herrlichkeit des Herrn umstrahlte sie …" (Lk 2,8)

Hirten waren wir keine, nur zwei lausige Obergefreite in der kalten Nacht eines völlig sinnlosen Krieges, mit den fernen bösen Maschinengewehrsalven im Ohr, auf einer Langlaufspur, die wieder in ein sinnloses Morden führte, voller Verwundetenelend und Tod. Eugen war ein Tischler aus Schwaben und wir zwei waren am Schluss bei den wenigen Überlebenden der Kompanie. Aber er ist dann Missionar in Kenia geworden. Und vor seinem Tod ist er noch einmal zu mir gekommen. Ich war als Bischof vor dem Ruhestand. Er ist bald darauf in Afrika gestorben.

Aber diese Weihnachtsnacht in Nordkarelien, 50 Kilometer vor dem Weißen Meer, in dieser menschenleeren Einöde, in die nur der Krieg mit seiner Zerstörung eingebrochen ist, diese Weihnachtsnacht mit den himmlischen Lichtorgeln und den gleißenden, wallenden Vorhängen und den strahlenden Girlanden haben wir zwei nie mehr vergessen, trotz des ganzen Elends rundherum. Es war wie eine gewaltige Show zum alten Lied „O Heiland, reiß die Himmel auf …"

Zwei Tage später bezogen wir Stellung auf dem gefürchteten Hügel Gangaschwara und der verdammte Winterkrieg hatte uns wieder. Ich mag seit jenen Jahren den Langlauf nicht mehr. Mein Loipenbedarf ist fürs ganze Leben gedeckt. Aber damals, in jener unvergesslichen Weihnachtsnacht nach der Mitternachtsmesse im Frontbunker, damals, auf dem Heimweg durch die Lichtorgie, damals hat uns der Prophet Jesaia vor 2700 Jahren einen Langlaufspruch ins Herz geschrieben:

„Die auf den Herrn vertrauen, schöpfen neue Kraft. Es wachsen ihnen Schwingen wie den Adlern. Sie laufen und werden nicht müde, sie gehen und werden nicht matt …"

Der Deserteur

Auch wenn ich in meinem Leben viereinhalb Jahre lang einen Stahlhelm tragen musste, kann ich dem geneigten Leser versichern, dass mich keine heroischen Veteranenträume bewegen. Die Zeit war schlimm – und ich war kein Held.

Ich fühle nur eine Verpflichtung, hie und da eine kleine Erinnerung festzuhalten, weil ich eine große Sympathie für eine Sparte historischer Forschung habe: der Geschichte von unten. Wir sind ja im Geschichtsunterricht mit allem Möglichen gefüttert worden: mit Regierungszeiten, Schlachtendaten, Eroberungen, Friedensschlüssen, Fürstenhochzeiten, Grenzveränderungen, Handelsströmen, Kulturwogen und den großen Spielen der Diplomatie. Natürlich weiß ich, dass das alles zur Bildung gehört – zumindest der Bodensatz davon, der am Schluss übrig bleibt.

Aber nach sieben Jahren selbsterfahrenem Elend und Wahnwitz der Weltgeschichte habe ich begonnen, mich mehr für das Schicksal der kleinen Leute zu interessieren. Mich fesselt also zum Beispiel mehr, was die Soldaten Alexanders des Großen empfunden haben, wenn sie vom Euphrat bis zum Indus nie die Wäsche wechseln konnten, als die Dynastien der Seleukiden und Ptolemäer; oder mich bewegt mehr, was aus Waisenkindern wurde, die bei einem Normannenüberfall übrig blieben, als die Erbfolge dieser Seeräubergeschlechter; oder meine Aufmerksamkeit fesselt mehr, wie man in einem Tiroler Dorf die Not bewältigt hat, wenn die Pest im 14. Jahrhundert die Hälfte der Einwohner wegraffte, als der Burgenstil jener Epoche. Mich interessiert das alles mehr – und ich habe ein gewisses Misstrauen gegenüber der Beschränkung der Geschichtswissenschaft auf die großartigen Ereignisse, bei deren Darstellung man dann in Welt- und Kirchengeschichte über die namenlosen Leiden kleiner Leute hinweghuscht.

Darum gefällt mir jene historische Forschung, die ganz tief hinunterhört in die vergilbten Tagebücher gänzlich unbedeutender Leute, die in schlichten Briefen liest, auf denen noch Tränenspuren zu sehen sind, oder die auf Erzählungen alter Menschen hört, die gerade noch als letzte Zeugen interviewt werden können und die halt so manches anders erlebt haben, als man es in allgemeinen Darstellungen liest.

Im Sinne dieser geschichtlichen Forschungsperspektive möchte ich Sie nun auf einen winzigen Punkt der großen Karte des Zweiten Weltkriegs entführen. Ich kann Ihnen versichern, dass Sie in militärwissenschaftlichen Werken davon nichts finden werden. Es war ein Stützpunkt in Nordkarelien, in dem weiten, fast unbewohnten Land zwischen Finnland und dem Weißen Meer, genau dort, wo Elch, Wolf und Wildgans einander Gute Nacht sagen. Die Stellung hieß im Tarnnamen „Bärenhöhe" und lag ein beträchtliches Stück vor der Front. Sie wurde von dreißig Gebirgsjägern gehalten. Weil wir ziemlich isoliert und einsam waren, hatten wir Schutzhunde. Diese Hunde hatten streng genommen eine friedenstiftende Wirkung. Sie waren auf sowjetische Uniformgerüche spezialisiert. Wenn ein russischer Spähtrupp im Gelände lag, bellten sie schon auf 150 Meter. Das ersparte den Russen das Weiterschleichen und uns das Schießen und befriedigte somit beide Teile. Denn für einen Soldaten an der Front gibt es hüben wie drüben nichts Schöneres als einen geordneten Rückzug und einen abgeblasenen Alarm.

Wegen der besagten Hunde gab es auch in unseren Reihen den erhabenen Beruf des „Hundeführers". Das Führerprinzip war eben konsequent bis zur Betreuung von Kötern durchgeführt. Einer dieser Hundeführer war der Obergefreite Josef Untermühlbacher aus der Obersteiermark – und damit steige ich ins streng historische Geschehen ein. Sein Hund hieß Karo. Der Sepp war mir ein lieber Kamerad. Das lag in seinem von allen Wogen der Zeit völlig unberührten Wesen. Weder in seiner Sprache noch in seinem Denken, noch in seinen Lebensgrundsätzen oder seiner Gläubigkeit hat er dem Zeitgeist auch nur irgendeinen Tribut gezollt. Er verkörperte für mich ein Stück „Waldheimat" von Peter Rosegger.

Gegenüber dem, was man damals das „nationalsozialistische Gedankengut" nannte (mit diesem bombastischen Ausdruck bezeichnete man den Propagandaschmarrn, der auf uns niederprasselte), verhielt sich der Sepp so zugänglich wie die Dachsteinsüdwand.

Manchmal saßen wir auf der feindabgewandten Seite des Stützpunktes, und der Sepp schaute an den weißen Birkenstämmen vorbei über die weiten Wälder und die dazwischen blinkenden Seen bis zum blauen Horizont, der sich in der Ferne verlor, und sagte dann ganz einfach: „Sein tuat des alls mitanand a verdammter Bledsinn …"

Eines Abends kommt der Sepp in meinen winzigen Bunker mit den Telefon- und Funkverbindungen. Er war nicht gerade fassungslos – das hätte seinem Naturell widersprochen –, aber doch ein wenig besorgt.

„Du", sagt er, „i brauch die Division. Woaßt eh, den Hundsscheich da hint'n. Der Karo is weg …"

Dazu muss man wissen, dass es damals genügte, beim Verlust eines Soldaten die Kompanie zu verständigen. Beim

Verlust eines Hundes ging die Meldung an die Division. Dort gab es eine zentrale Dienststelle für Schutz- und Meldehunde. Der dort zuständige Offizier war in der Terminologie des Sepp „der Hundsscheich da hint'n".

Ich muss diese organisatorische Voraussetzung für das Folgende festhalten. Es stimmt aber auch, dass im Krieg die Beschaffung von Hunden viel schwieriger ist als die von Soldaten. Es gibt nämlich nicht viele Hunde, die so blöd sind, dass sie sich an der Front verwenden lassen.

Ich stelle also die gewünschte Verbindung her: von „Bärenhöhe" zu „Schmetterling", dem Tarnnamen der Division; oder vom Obergefreiten Untermühlbacher zum Herrn Oberleutnant von Kiesewitz; oder vom norddeutschen Junker zum obersteirischen Bergbauern; oder vom ehrgeizigen, „weltanschaulich klar ausgerichteten" Kriegsschulenabgänger zum militärisch mäßig interessierten Sohn der grünen Berge. Wenn ich die Sache musikalisch ausdrücken müsste, verhielte sich das so wie der Badenweilermarsch zum Erzherzog-Johann-Jodler. Auch sprachlich war der Abstand bemerkenswert groß. Gewisse Missverständnisse waren vorprogrammiert. Auf der einen Seite ein knallhart-zackiges Idiom mit metallischem Kasernenhofecho, auf der anderen Seite die fast unnachahmlichen breiten Laute und Diphthonge, wie sie zwischen Enns und Mur erklingen.

Ich schnappte mir sofort den zweiten Hörer des Feldtelefons in der dumpfen Erwartung, hier Zeuge einer militärpsychologisch hochinteressanten Debatte werden zu können. Ich wurde nicht enttäuscht, und so bin ich in der Lage, der Nachwelt eine wörtliche Dokumentation dieses Gesprächs überliefern zu können.

„Schmetterling, Oberleutnant von Kiesewitz."

„Bärenhöhe, Oubergfreiter Untermühlbacher, Hundeführer …"

„Ja, wat jibt's?"

„Hear Ouberleitnant, i muaß möld'n, der Hund is weck!"

„Wa?? Der Hund – ist – weg? Wat soll dat heißen? Sie sind verantwortlich für den Hund, Sie Krummstiefel, Sie trauriger …"

„Hear Ouberleitnant, i ko jo nix dafüa, wann des Sauviech o-plattelt!"

„Wat ist mit dem Hund?"

„O-plattelt is aber …"

„Also sprechen Sie jefälligst deutsch, wenn Sie eine Meldung machen! Verstanden! Also wat ist mit dem Hund?"

„Er is ab-ge-hau-en, Hear Ouberleitnant."

„Es ist nicht zu fassen! Ich mach Sie aufmerksam, ich stell Sie vors Kriegsjericht, dafür jarantiere ich Ihnen. Wir bilden hier die Hunde aus, und Sie lassen sie vorne laufen. Sie haben den Hund eben anzuhängen!"

„Hab i eh tan, Hear Ouberleitnant. Aber des Sauviech beißt mir jede Schnur duach. I hab Eahne ja eh gsagt, Sie miassn amol a Kett'n vuarschickn, weil mir des Sauviech alle Schnüa durchbeißt …"

„Dat ist mir janz ejal. Sie werden wat erleben, dat kann ich Ihnen flüstern. Ich stell Sie vors Kriegsjericht!"

„Hear Ouberleitnant, Sie miaßn jo bedenken, die Russn habn a Weibl entn, da kennt der Hund koan Bahnhof …"

„Wat? – Der Hund ist bei den Russen?"

„Ja logisch, wenns a Weibl entn habn …"

Man spürt direkt durch den Draht, wie bei Kiesewitz eine Welt zusammenbricht. Sein von ihm für Führer, Volk und Vaterland ausgebildeter Schutzhund zum Feind übergelaufen! Immer wieder stammelt er fassungslos:

111

„Der Hund ist bei den Russen! Ein deutscher Schutzhund ist bei den Russen …!"

Der Sepp versucht, die Sache ein bisschen zu relativieren und schlägt einen beinahe tröstlichen Ton an:

„Mei, Hear Ouberleitnant, Sie miaßn ja bedenkn, der Hund is nit vereidigt!"

Kiesewitz jault auf. Dann stößt er noch ein heiseres „Sie werden wat erleben" hervor. Dann ist die Leitung stumm. Die Verbindung ist abgebrochen.

Der Sepp haut den Hörer aufs Feldtelefon und sagt – nein, nun muss ich den historischen Wortlaut verlassen und mich allgemein ausdrücken. Der Obergefreite Untermühlbacher gibt einen Kommentar von sich, der seine persönlichen Beziehungen zum Herrn Oberleutnant Kiesewitz eindeutig und plastisch darstellt, den ich aber hier nicht wiederholen möchte, weil besagter Kommentar zwar auf karelische Stützpunkte, nicht aber in bischöfliche Editionen passt.

Der Obergefreite Untermühlbacher kam aber nicht vors Kriegsgericht. Denn sein Karo hat sich nach zwei Tagen winselnd bei den deutschen Fahnen zurückgemeldet. Stalins Armee hatte ihm möglicherweise eine dürftige Gelegenheit zur Liebe, aber sicher keine Verpflegung geboten. Und so besann sich seine Hundeseele auf ihre patriotischen Wurzeln.

Und dann saßen wir wieder zusammen auf der feindabgewandten Seite des Stützpunkts im Heidekraut, und der Karo saß dabei. Der Sepp tätschelte sein „Sauviech", dem er als Ausgleich für die erlittenen Entbehrungen sofort eine Sonderportion verabreicht hatte, und brummte:

„Gell, Karo, was wiss'n scho de Deppen da hint'n …"

Und dann ließ er noch einmal seinen Blick an den weißen Birken vorbei über die weiten karelischen Wälder und

Sümpfe schweifen, die ihm keinen Ersatz für seine grüne Steiermark boten, und meinte sozusagen als Resümee der ganzen Affäre und als Ausdruck einer tiefen Gemeinsamkeit zwischen einem Hund, der nicht fürs Soldatenleben taugte, und einem Soldaten, der ein Hundeleben führte:

„Sein tuat alls mitanand a Bledsinn, a verdammter …"

Und mit dieser treffenden Analyse der Lage des Dritten Reiches im Allgemeinen und unseres Schicksals im Besonderen lag der Obergefreite Untermühlbacher haushoch über dem Oberkommando der Wehrmacht, der Deutschen Reichsregierung und dem Führerhauptquartier.

Das ist also der kleine Beitrag zur „Geschichte von unten". Aber vielleicht ist es auch schon wieder ein Beitrag zur Gegenwart. Der nationalistisch-aggressive „Bledsinn" geistert ja wieder durch die Lande. Es kiesewitzt sozusagen in den Gehirnen. Das millionenfache Leid der kleinen Leute ist in der Erinnerung verblasst. Neulich hab ich sie doch tatsächlich im Fernsehen wiedergesehen: markige Gestalten in der Pose von einst, mit vorgerecktem Kinn, dem starren Blick in die Ferne, die eine Hand ums Koppelschloss gekrampft, die andere erhoben – und irgendwo im Hintergrund ein brennendes Asylantenheim … Da ist er mir wieder in den Sinn gekommen, der Obergefreite Untermühlbacher mit seinem vierbeinigen Deserteur und seinem gesunden Hausverstand. Und mir war's, als hörte ich ihn sagen: „Is a schon wieda da, der Bledsinn, der verdammte …?"

Der Antiheld

Als wir als junge Menschen im Herbst 1939 ins Priesterseminar kamen, waren wir von einer ganz eigenartigen Mentalität geprägt, die heute schwer zu beschreiben ist. Es war ein gutes Stück Überschwang und Unreife dabei, aber auf der anderen Seite war die Situation mit Verfolgung, Unmenschlichkeit und Krieg so trist, dass wir vielleicht solche Impulse zum Überleben gebraucht haben.

Auf der einen Seite waren wir „jugendbewegt". Diese ausrollende Woge der Romantik mit Wandervogelsehnsucht, Lagerfeuer, Kluft und Wimpel, Berg und Banner, Lied und Laute, mit einer Sensibilität für alles Hehre und Heilige hatte die katholischen Jugendgruppen geprägt. Die Hitlerjugend hatte mit einem falschen Zungenschlag und verworrener ideologisch-politisch-rassistischer Propaganda einige Formen der Jugendbewegung übernommen. Dorthin gab es für uns keine Brücken. Ich muss aber zugeben, dass auch in der christlichen Jugendbewegung ein Stück Vitalismus steckte, das nicht immer getauft war. Wir pflegten zweifellos eine gewisse Überheblichkeit gegenüber Spießern und Alten, Gestrigen und Harmlosen. Wir sangen mit tiefster Überzeugung: „Mit uns zieht die neue Zeit …"

Und zum Zweiten waren wir kämpferisch. Sowohl in der Schule wie im Reichsarbeitsdienst hatte uns der Wind ins Gesicht geblasen. Die Übermacht der Öffentlichkeit und des totalitären Staates war gegen uns. Wir wussten uns in Konfrontation mit einem gnadenlosen System. Und darum hatten wir nichts übrig für Schwächlinge und solche, die wir für Schwächlinge hielten.

Der große Kardinal Galen hatte das Bild von Hammer und Amboss gebraucht: „Wir sind der Amboss – und die anderen sind die Hämmer. Aber der Amboss hält viel länger aus als der Hammer."

Das gefiel uns. Und wir sangen von Fahnen und Trommeln und Sturmwind und Standhalten, und meinten damit den Widerstand gegen die braune Flut, über deren Brutalität wir uns keine Illusionen machten. Vielleicht haben wir auch diese emotionale Welle gebraucht, um die Zeit zu überstehen. Aber es war schon auch ein wenig heroische Pose dabei, mit einer Verachtung für das Stille, Geduckte, Unscheinbare, – harmlos – Fromme. So war die Zeit, und so waren wir, wenn ich versuche, das Damals ohne Verklärung zu betrachten.

Und da kam also in unser Priesterseminar, das zwischen der Drohung der Aufhebung durch die Gestapo und den ständig eintreffenden Einberufungen zum Soldatendienst lebte, ein stiller, in sich gekehrter, immer freundlicher Theologe, Walter. Die Jugendbewegung, die eine Welle der Städte war, hatte seinen heimatlichen Berghof im Bregenzerwald sicher nicht erreicht. Da gab es weder Lagerfeuer noch Kampfgesänge, sondern die Arbeit in Hof, Äckern und Almen und die Sorge um Heu und Vieh und Erdäpfelernte. Wir hielten unseren neuen Kollegen für einen liebenswerten, aber sanften Mann, der nicht ganz das Profil für eine Zeit hatte, wie sie war und uns bevorstand. Wir haben das nicht ausgesprochen, aber gefühlt. Wir hatten in den Nebeln jener Zeit etwas kantigere Vorstellungen von Persönlichkeit.

Bald schwirrten die Einberufungen zur Wehrmacht ins Haus und rissen uns alle auseinander.

In den winterlichen Wäldern Nordrusslands habe ich unseren Freund wieder getroffen. Ich lag halb erfroren in meinem Schützengraben und in der Luft war sehr viel Blei. Und von überall her ertönte der Ruf „Sani" (Sanitäter). Walter war Sanitäter. Immer wieder hastete er mit seinem kleinen Schlitten nach vorne, um Verbände gegen das Verbluten anzulegen und Verwundete aus der Kampflinie zu holen. Er tat es schon zwei Tage und zwei Nächte hintereinander. Als er wieder einmal mit einem Verwundeten im Akja an meinem Schützenloch vorbeikam, hielt er einen Augenblick keuchend inne. Er trug wie wir alle den weißen Tarnanzug, aber seiner war vom Blut der Verwundeten braunrot. Er hat mich noch ein bisschen angelacht und gesagt: „Weißt du, dass heute Gründonnerstag ist?" Dann hat er sich weiter durch die Maschinengewehr-Garben mit seinem Schwerverwundeten zurückgewühlt. Er hat es noch zwei Tage und Nächte weiter getan. Am Ostersonntag um neun Uhr, wie in seinem Heimatdorf die Glocken zum Festgottesdienst geläutet haben, ist er mit einem Herzschuss gefallen. Man hat damals keine Grabreden gehalten, und für einen Gefreiten, der noch dazu ein Theologiestudent war, schon gar nicht. Aber von ihm hat der Kommandeur des aufgeriebenen Bataillons gesagt, dass er der Tapferste von allen war. Und ich weiß niemanden, auf dessen Grab in den trostlosen Wäldern Nordrusslands der Spruch besser passen würde: „Es hat niemand eine größere Liebe, als wer sein Leben hingibt für seine Freunde …"

Und dabei war er ein geborener Friedensmensch, ein stiller Unscheinbarer und ein Soldat ohne jedes militärische Interesse, ein Gegner des Naziregimes und damit ein „Antiheld". Aber es gibt eben keine Situation, in der die Liebe nicht eine Chance hätte.

Schutzengelfest

Die Frage platzte mitten in eine religionspädagogische Vorlesung hinein: „Was ist von den Schutzengeln zu halten?" An den Zusammenhang kann ich mich gar nicht mehr erinnern. Wahrscheinlich ging es um den Religionsunterricht in Volksschulen.

Vor diesen kritisch denkenden, pädagogisch interessierten jungen Menschen fiel mir die Antwort gar nicht so leicht. Ich habe gespürt, dass da viel Zweifel mitschwang, Bilder einer etwas kitschig-infantilen Frömmigkeit, auf denen blasse Kinder auf schwankenden Stegen über tosende Wildbäche trippeln – mit Engelsgestalten, die mehr an das Ballett „Schwanensee" erinnern als an die kraftvollen Visionen der Heiligen Schrift. Und die Engelscharen, die unsere barocken Altäre bevölkern und im Lauf der Jahrhunderte mit wenigen Ausnahmen immer niedlicher und süßer wurden, stellten ebenso keine große Hilfe für diese Diskussion dar, ganz abgesehen von dem himmlischen Kindergarten, der über Gesimse und Kanzeln purzelnd alles andere als ehrfurchterweckend ist. Mir ist auch in den Sinn gekommen, dass in manchen kirchlichen Kreisen in unserer Zeit die Engelverehrung ins Magisch-Abergläubische abgeglitten ist, dass sich sogar die Lehrautorität der Kirche einschalten musste. Vielmehr sind die durch die Bücher des Alten und Neuen Testaments ziehenden Engelsvorstellungen sehr differenziert zu betrachten und zu deuten. Ich hatte ja selbst noch den pädagogischen Missbrauch des Schutzengels erlebt, wenn zum Beispiel eine bei einem kleinen Ungehorsam zugezogene schmerzhafte Beule oder Schramme mit den Worten „Jetzt hat dich der

Schutzengel gestraft" kommentiert wurde. Der himmlische Geist, der einem auf die Finger haut, war auch kein Ergebnis tief schürfender Bibelauslegung.

Das alles geht mir durch den Kopf, wie diese Frage auf einmal in die nüchterne Atmosphäre einer religionspädagogischen Vorlesung hereinbricht.

Ich habe versucht darzulegen, dass trotz mancher symbolischer Verwendung des Wortes „Engel" in der Heiligen Schrift die Worte Jesu doch eine geheimnisvolle Wirklichkeit meinen, wenn er von den himmlischen Geistern spricht, die das Antlitz Gottes schauen, die im Dienst des Heils auf- und niedersteigen, die ihm in der Wüste dienen und bei ihm in der Herrlichkeit sind oder die bei Jesaia das „Heilig, heilig" singen, in das wir in der Liturgie der Messe einfallen. Ich habe mich bemüht, die Versuche der Kunst etwas zu relativieren, die bei der Darstellung der Engel an jene Grenze stößt, die alle Bilder und Begriffe belastet, die in das Unsagbare hinübergreifen wollen. Aber ich bin dabei geblieben, dass an der Realität dieser geheimnisvollen Wesen auf Grund des biblischen Zeugnisses doch festzuhalten ist, auch wenn die Lehre von den Engeln nicht zur zentralen Botschaft des Christentums gehört.

Meine Antwort ist sicher ein wenig professoral und vielleicht nicht sehr überzeugend ausgefallen, das muss ich zugeben, und es ist mir nicht gelungen, jedes kritische Lächeln und jede zweifelnde Miene zu verscheuchen.

Und dann kam die Frage noch einmal, drängender, konkreter, persönlicher und unausweichlicher, wie das eben bei jungen Menschen so oft vorkommt:

„Was halten Sie von den Schutzengeln?"

Da konnte ich nicht mehr ins Theoretische ausweichen. Ich habe dem Auditorium gesagt, dass ich jedes Jahr am 2.

Oktober, dem Fest der heiligen Schutzengel, wallfahren ginge. Der Tag sei für mich mit einer Erinnerung verbunden, die zwar nicht zum Stoff einer religionspädagogischen Vorlesung gehöre, die aber doch zu den unvergesslichen Erfahrungen zähle, zum Intimbereich der jeweiligen Lebensgeschichte, wie ihn jeder Mensch in die Scheune seines Lebens einbringe.

Es war im Oktober 1944 in Lappland. Um diese Zeit ist Lappland kein Reiseland. Für Frontsoldaten gab es trotz aller Schönheit überhaupt keine Reiseländer. In der Nacht war ein leichter Schnee gefallen, der am Tag in der schwachen Sonne nur zögernd verging. Wir hatten im Angriff einen Flussarm durchqueren müssen und froren erbärmlich. In einer kleinen Holzhütte fanden wir Unterschlupf und krochen hinein. Es ist doch merkwürdig, dass man immer wieder glaubt, so eine Hütte oder ein dunkler Winkel sei ein Schutz. Eine einzige Granate würde alles wegfegen.

Neben mir lag Hans, ein zwanzigjähriger Bauernsohn aus der Steiermark. Er hatte ein winziges Wachslicht, das so etwas wie Wärme vortäuschte. Im schwachen Schein dieses Lichts holte er aus der Brusttasche ein Foto hervor, das er wie ein Heiligtum hütete. „Mein Hof, schau, mein Hof", sagte er und schob mir das Bild herüber. Es war ein breiter, behäbiger Bauernhof im Sonnenlicht inmitten von Wäldern und Wiesen mit einem weiten Blick zu fernen Bergen. „Wenn ich heimkomme, werde ich ihn übernehmen", und er begann zu erzählen von Familie, Stall und Viehbestand und seinen Plänen, als wollte er all das Elend rundherum versinken lassen.

Am Morgen, der wenigstens eine schwache Sonne brachte, ging's wieder zum Angriff über einen Flussarm, den man durchwaten konnte. Ein kleiner Splitter traf meine Brille und schlug ein Loch ins Glas. Aber ich blieb unverletzt.

Ein bisschen später lagen wir wieder in Bereitstellung in einem dünnen Birkenwald mit den letzten bunten Blättern. Aber es gibt keine Naturschönheit im Krieg. Zwischen den weißen Stämmen kauerte nur die Angst. Dann jaulte die schwere Granate heran. Die Explosion warf mich einige Meter hinaus, aber ich rappelte mich nach der ersten Betäubung hoch. Um mich herum waren alle tot oder verwundet. Ich habe einen Kameraden, dem es den Fuß durchschlagen hatte, ein Stück zurückgetragen, in die Sicherheit. Und dann ging es weiter.

Gegen Mittag lag unser Stoßtrupp in einer schmalen Waldzunge mit dem Ausblick auf eine Waldwiese. Mein Funkgerät funktionierte nicht mehr. Auf einmal hörte ich drüben im Wald jenseits der Wiese die Granatwerferabschüsse. Ich warf mich vom Funkgerät zwischen zwei große Steine. Dann kam die Hölle über uns. Volltreffer auf Volltreffer schlug in die am Boden kauernden 40 Mann. Eine Granate zerbarst auf dem Stein neben mir. Ihre Splitter zerfetzten meinen Mantel, der sich im Hinwerfen aufgebauscht hatte. Aber ich war wieder unverletzt. Wie es vorbei war, standen nur mehr ganz wenige auf. Mein lieber Hans aus der Steiermark war nicht dabei. Eine Granate hatte ihn voll getroffen. Er würde den schönen Hof im Sonnenlicht nicht mehr übernehmen können …

Wenig später geschah etwas, was mir sonst nie passiert ist. Ich hatte mich etwas eingegraben und im Gefechtslärm den Befehl zum Rückzug überhört. Da ich nie mit heldischen Gefühlen gesegnet war, war ich sehr hellhörig für Rückzug. Aber nun war ich plötzlich allein. 50 Meter vor mir brachen die Angreifer aus dem Wald heraus. Ich jagte durch den kleinen Wald zurück – und dann war da eine sumpfige Wiese, die sich zum Flussufer hin erstreckte. In der Heiligen Schrift heißt es einmal: „Betet, dass eure Flucht nicht in den Winter oder auf den Sabbat falle …" (Mt 24,20). Das Gebet müsste ich noch

9. Station
Rückzug durch Rovaniemi, Oktober 1944

ergänzen: Betet, dass eure Flucht nicht durch eine Sumpfwiese führe, in der der Fuß im zähen Schlamm stecken bleibt, während sie auf kurze Distanz hinter dir herschießen …

Wie durch ein Wunder kam ich an das flache Flussufer. Es war nicht höher als 40 cm. Aber es bot im Augenblick etwas Deckung, die Schüsse peitschten ganz knapp über mich weg. Ich hätte keine Hand heben können. Mein Kopf lag ganz flach am Wasser. Ich sah, dass in der Furt 100 Meter weiter nördlich die letzten Flüchtenden in den MG-Garben fielen. Weiter südlich war der Feind fast am Ufer. Und vor mir fegten die Einschüsse in den Fluss hinein. Und wie in einem Trancezustand wusste ich plötzlich: Das ist das Ende. Ich bin ganz allein eingeschlossen, auf einem Umkreis von 50, 60 Metern. Es gibt keinen Ausweg mehr. Das rettende Ufer auf der anderen Seite ist 80 Meter weit weg. Und diese 80 Meter liegen im Bereich der Garben. Es ist aus.

Da sah ich plötzlich über die Wellen hinweg in der Mitte des Flusses die Steinblöcke, die aus dem Wasser ragten. Ich begann mich liegend auszuziehen. Der Stahlhelm musste weg, die schweren Bergschuhe, das Koppel mit dem ganzen Anhang, der zerfetzte Mantel, der Rock. Nur die Brille, die musste ich mitnehmen. Dann tauchte ich ganz flach und vorsichtig in den Fluss hinein. Ich bin kein Meisterschwimmer, aber die 40 Meter bis zu den Steinen schaffte ich im Tauchgang. Es war entsetzlich kalt. Hinter den Steinen konnte ich Luft schnappen. Sie haben mich nicht entdeckt. Von den Steinen weg machte ich noch einmal einen Tauchgang bis zum Steilufer auf der anderen Seite. Für die MG-Schützen auf der Feindseite war es zu schnell gegangen. Bis ihr Feuer einsetzte, war ich die sechs Meter hinauf. Dann brachte mich ein Sprung in Sicherheit. Mir war so zu kalt, dass ich hätte auf Glasscherben gehen können, ohne etwas zu spüren.

122

Weiter hinten wurde der Rest der Einheit in einem kleinen Heustadel gesammelt. Ich kam als Letzter dazu. Es waren nicht mehr viele. Unser Hauptfeldwebel hinten beim Tross, der ein rauer Mann mit einem sehr weichen Herzen war, hatte eine Feldküche anspannen lassen, allen Wein, der zufällig da war, in den Kessel geschüttet und war mit ihr nach vorne gejagt. Und so bekamen wir einen Becher Glühwein. Nie mehr im Leben habe ich einen Glühwein mit solcher Dankbarkeit getrunken.

Neben mir saß ein junger evangelischer Student, ein sehr feiner Kerl, der mit der Feldküche nach vorn gekommen war. Er konnte es nicht fassen, dass nur so wenige übrig geblieben waren, und starrte in das kleine Feuer, das man angezündet hatte. Ganz leise sagte er zu mir: „Was soll denn das alles für einen Sinn haben?" Ich hab ihm nur sagen können: „Wenn der Sinn nicht jenseits dieser Welt wäre, wüsste ich keinen …"

Das war also der 2. Oktober 1944. Später habe ich mich daran erinnert, dass dieser Tag das Fest der heiligen Schutzengel ist. An diesem Tag war viel geschehen – vom ersten Splitter in die Brille bis zur letzten MG-Garbe über den eisigen Fluss. Und ein derartiges Noch-einmal-davongekommen-Sein wider alle Hoffnung löst in mir ein Gefühl der Dankbarkeit aus, das nicht vergeht. Ich kann gut verstehen, dass manche Heimkehrer aus Dankbarkeit ein Kreuz oder eine Kapelle errichtet haben. Ich gehe am 2. Oktober immer wallfahren.

Freilich – da bleiben noch schwere Bedenken. Wie war das eigentlich mit den Schutzengeln der anderen, die nicht durchgekommen sind? Was war mit dem Schutzengel von Hans aus der Steiermark, der im zerschossenen Wald lag und das Foto mit dem Heimathof im blutigen zerfetzten Rock hatte? Haben da die himmlischen Geister weggeschaut? Waren sie nicht ganz so tüchtig wie der meine? Ist da die göttliche Vorsehung aus dem Gleis gelaufen? War da Gottes Vaterliebe nicht ganz effizient?

Es ist immer dasselbe bei diesen Überlegungen. Alles Gerettetwerden in dieser Welt ist nur ein Zeichen, der Wink einer Liebe, die alles umspannt. Sie waren alle in der Hand Gottes, die da liegen geblieben sind. Und sie hatten alle ihre Schutzengel, der Heilswille Gottes war bei jedem präsent. Wenn ich im Trommelfeuer am Ufer des Tornea-Elv gefallen wäre, dann hätte mich mein Schutzengel eben über einen anderen Fluss geführt, über ein anderes Steilufer, hinter dem man zu einem anderen Glühwein geladen ist, der nie ausgeht und bei dem man keine hilflosen Fragen mehr stellt.

So ist das mit meinem persönlichen Verhältnis zu jenen geheimnisvollen dienenden Geistern, von denen Christus so oft gesprochen hat und die in der Heiligen Schrift die ganze Heilsgeschichte begleiten. Ich habe keine große Schwierigkeit, an ihre Existenz zu glauben. Ich glaube ja auch an die Existenz aller Lieben, die bei Gott sind.

Für mich ist der Gedanke an den Schutzengel kein frommes Kindertheater oder ein Märchen wie das von der guten Fee. Ich gebe zu, dass nach den entscheidenden Aussagen der Schrift für mich der 2. Oktober 1944 eine Rolle spielt. Schließlich war es doch ein unvergessliches Schutzengelfest.

Ein altes Lied berührt mich noch immer

Obwohl ich musikalisch nur mäßig begabt und überhaupt nicht gebildet bin, haben es mir Lieder seit meiner Kindheit angetan. Allerdings ist mein Verhältnis zu Soldatenliedern üblicher Art eher gestört. Mit Pulverdampf-Fantasien und schmetternden Siegesfanfaren, dem zündenden Marschtritt und den Vorwärtsparolen der Kriegspropaganda kann ich nichts anfangen. Es gibt aber ein Lied, das mit dem Krieg zusammenhängt, auch wenn es kein Kriegslied ist, das mich bis zum heutigen Tage berührt. Ich höre es immer wieder bei Begräbnissen, wenn ein Soldat des Bundesheeres, ein Mitglied einer Schützenkompanie oder eines Veteranenvereins begraben wird. Dann weht am Schluss diese Melodie über den Friedhof, und bei der Qualität unserer Musikkapellen wird sie schön gespielt. Das Lied vom „Guten Kameraden" hat Uhland im Jahre 1809 gedichtet und Silcher hat es vertont – und beide haben das Volksliedhafte gut getroffen. Es ist kein Soldatenlied im üblichen Sinn, es ist ein sanftes Lied, fernab aller heroischen Präpotenz.

Aber ich habe durchaus Verständnis, wenn heute so mancher diese Melodie wie einen etwas sentimentalen Nachhall einer Abschiedszeremonie empfindet, wie ein Hornsignal, das über Wiesen und Wälder verebbt, ein rührselig-wehmütig-romantisches Finale für einen Heimgegangenen, mit dem man sich in der Kameradschaft einer Organisation verbunden wusste. Die Worte dieses Liedes sind ja ohne jeden Bezug zum Heute. Sie wirken wie ein Text aus der „Winterreise" oder der „Schönen Müllerin" von Schubert oder wie ein

Abendlied von Eichendorff oder wie die sanfte Traurigkeit der „Drei Zigeuner" von Nikolaus Lenau. Es ist ein Lied mit Gefühl, Würde und Wehmut.

Aber mir ergeht es anders, schon bei der ersten Strophe.

> „Ich hatt' einen Kameraden,
> einen bessern findst du nit.
> Die Trommel schlug zum Streite,
> er ging an meiner Seite,
> im gleichen Schritt und Tritt …"

Ich hatte einen Kameraden, er hieß Rudi, er war 20 Jahre alt, strebte eine Anstellung als kleiner Beamter an, stammte aus Nürnberg und hatte seit der Schlacht am Ilmensee, wo wir uns zum ersten Mal trafen, graue Haare wie ein Sechzigjähriger. Wir haben uns immer ausgezeichnet verstanden: Wir teilten die religiöse wie die politische Überzeugung über den Wahnsinn des Regimes und des Krieges … Wir waren beide Funker in der Kampfkompanie und hatten viele Einsätze wie durch ein Wunder überstanden. Ich hatte wirklich einen Kameraden.

„Die Trommel schlug zum Streite." Sie schlug ziemlich oft, die verdammte Trommel, natürlich nur symbolisch. Im Zweiten Weltkrieg gab es keine Trommeln mehr, nur Trommelfeuer. Sie schlug am Lowat und vor Demjansk, in den einsamen Wäldern, Hügeln und Sümpfen Kareliens, den verlustreich umkämpften Höhen mit den fremden Namen, wo heute noch kein Mensch wohnt. Aber mit der Trommel wurde der Boden zerwühlt und die alten Bäume zersplittert – in einer Landschaft, die sicher Jahrtausende vor sich hingeträumt hat.

„Er ging an meiner Seite …" Im Herbst 1944 begann der große Rückzug durch die immer länger werdenden Nächte

Nordfinnlands. Jede Nacht 30, 40 und mehr Kilometer, von Zeltplatz zu Zeltplatz. Wir sind immer zu zweit nebeneinander marschiert, während manchmal das erste Nordlicht aufflammte. Meistens war es ein stummes Nebeneinander, denn die Müdigkeit war groß. Aber hie und da haben wir Erinnerungen ausgetauscht. Rudi war immer neben mir, hinter der Karrette mit dem Pferd, „im gleichen Schritt und Tritt".

„Eine Kugel kam geflogen,
gilt sie mir, oder gilt sie dir?
Ihn hat es weggerissen,
er liegt vor meinen Füßen,
als wär's ein Stück von mir …"

Nach etwa tausend Kilometern kam es zu einer Abwehrschlacht. Wir zwei waren für die erste Welle über einen Fluss bestimmt, die Schlauchboote standen schon bereit, über unsere Köpfe jaulte das Artilleriefeuer. Da ist er noch einmal zu mir gekommen. „Reinhold", hat er gesagt, „du musst heimschreiben, wenn jetzt etwas passiert …" Ich habe abgewehrt. Ich wollte ihm die trüben Gedanken und Ahnungen vertreiben, mit den Sprüchen, die ja nichts bedeuten, aber mit denen man die eigenen Ängste verdrängt. Er ist bei seiner Bitte geblieben. Dann ist er weggegangen und noch einmal zurückgekommen. Und dann hat er mir die Hand gegeben. Eine solche Geste haben wir uns niemals erlaubt, in allen drei Jahren nicht. Man kann sich im Krieg die normalen Formen von Gemüt nicht erlauben. Es wäre sonst alles noch schwerer auszuhalten. Aber hier, während die Abendsonne durch die herbstlichen Birken hereinfiel, hat er mir die Hand gegeben. Ich habe ihm das Heimschreiben versprochen …

„Eine Kugel kam geflogen …" Wenige Minuten später kam der Volltreffer der schweren Artillerie. Er hat mich einige Meter hinausgeworfen, aber ich war unverletzt. Wie ich einen Verwundeten aus dem Trichter gezogen habe, fiel mein Blick auf Rudi. Die Granate hatte ihm die Hand abgerissen, die er mir eben gegeben hatte. Sie haben ihn zurückgetragen. Auf dem Verbandsplatz ist er gestorben. Später habe ich heimgeschrieben, die Botschaft, die er seiner Mutter mitteilen wollte, damit sie beruhigt sei. „Sag ihr, sie soll sich keine Sorgen um mich machen, ich war eben bei der heiligen Kommunion …"

„Will mir die Hand noch reichen,
derweil ich eben lad.
Kann dir die Hand nicht geben,
bleib du im ew'gen Leben,
mein guter Kamerad …"

Sie verstehen jetzt, warum für mich dieses Lied mehr ist als eine sanfte Weise, die über Särge, Kränze und Gräber streicht. Ludwig Uhland hat dieses Lied vor 200 Jahren ja sehr schön gedichtet, mit der Schlichtheit der Volkssprache, aber es war von Anfang an ein Gedicht. Und dass es für die, die sich heute auf den Friedhöfen bei derartigen Anlässen versammeln, nur ein gemütvoller Abschiedsgruß ist und nichts anderes, dafür danke ich Gott.

Aber für mich ist dieses Lied nicht einfach eine zarte Weise. Ich habe den Text erlebt, Zeile für Zeile und Strophe für Strophe in jener schrecklichen Realität. Und jedes Mal, wenn ich den „Guten Kameraden" höre, danke ich für den Frieden und schicke ein Gebet über die fernen Gräber …

10. Station
Lappland, Jänner 1945

Das Kronennordlicht

Als vor dem Zweiten Weltkrieg eines Abends bis in unsere mitteleuropäischen Breiten herunter ein unheimlich rotes Nordlicht sichtbar wurde, haben manche Leute von einem schlimmen Vorzeichen geflüstert. Es wird Krieg geben! Mir hat ein Nordlicht am Ende der belasteten Zeit etwas anderes angedeutet. Mit der Erinnerung an diesen Augenblick möchte ich die schlimmste Epoche meines Lebens weit, weit zurücklassen. In diesem Nordlicht war für mich nämlich nicht Verhängnis, sondern Verheißung.

Ich muss hier nicht ausführen, dass eine Winterreise durch die Polarnacht Lapplands mit schwerem Gepäck und einem zusammengeknüpften Zelt auf dem Akja, das natürlich keinen Boden hatte, alles andere als ein Vergnügen ist. Noch dazu, wenn man das Pech hat, die Nachhut bilden zu müssen, wofür der alte Theatergrundsatz gilt, dass die letzten Plätze die schlechtesten sind. Dazu kommt noch, dass im Zuge einer derartigen Reise die Teilnehmer weniger werden und immer wieder ein paar Birkenkreuze zurückbleiben. Und als ob es mit dreiundzwanzigstündiger Nacht und nachdrängendem Feind nicht genug wäre, ist da die Kälte. Auch nach 40 km Langlauf ist das Stück hart gefrorenes Brot in meinem Hosensack nicht aufgetaut.

Wenn der Aufbau des jämmerlichen Zeltes im Schneesturm endlich gelungen ist, drängt man sich, falls man nicht auf Wache gehen muss, um den winzigen kleinen Zeltofen, in dem man von den unter dem Schnee verborgenen Krüppelbirken mühsam ein Feuer entzündet hat. Die Vorsehung hat die Birkenrinde mit einem Öl gesättigt, das auch dann brennt, wenn das Holz gefroren ist. So liegt man ein paar Stunden auf dem Schnee, und die paar Äste und die dünne Decke können nicht verhindern, dass die Kälte unbarmherzig von unten heraufzieht. Nach dem Aufwachen ist eine Seite steif gefroren. Man kann von Glück reden, wenn nicht ein Schneesturm das ganze Zelt wegreißt und irgendwo ins Dunkel hinausjagt. Nein, eine Reise durch Lappland um diese Zeit und unter diesen Umständen ist nicht zu empfehlen.

Aber alles nahm ein Ende – plötzlich tauchte hinter den höher werdenden Hügeln Lapplands das norwegische Hochgebirge auf. Und wir standen in einer klaren Sternennacht endlich auf dem Pass, von dem aus dann die Straße hinunterführte zum Nordmeer. „Wir", das sind keine glorreichen sieben, sondern armselige und angeschlagene, ausgefrorene und todmüde zehn. Da ich das Funkgerät hatte, wusste ich, wie wichtig dieser Pass war. Auf der anderen Seite drohte nicht mehr die russische Gefangenschaft. Wir waren im westlichen Sektor der Alliierten.

Auf dieser Rast kam das Nordlicht. Es hat uns durch die Jahre immer wieder mit neuen Formen überrascht, aber die Freude an derartigen Naturschönheiten hielt sich bei den Soldaten in Grenzen. Uns beherrschte nur ein Gedanke: Drunten am Fjord wird unser Marsch zum ersten Mal nach Süden biegen, und im Süden liegt die Heimat. Bis jetzt waren wir tausend Kilometer nach Norden marschiert.

Dieses Nordlicht bleibt mir trotz des Elends unvergessen. Zunächst erhellt ein stabiler Lichtstreif den ganzen Rundhorizont, wie ein riesiger Neonstab im Weltall.

Von diesem Kreis schießen Strahlen zum Zenit empor, zum Polarstern, der fast genau senkrecht über uns steht.

Zwischen den Strahlen bleiben dunkle Zwischenräume, und so bildet das Ganze eine gewaltige Lichtkrone, wie ein altes Kaiserdiadem in der Schatzkammer. Und durch das Licht und in den dunklen Sektoren strahlen die Sterne wie Diamanten.

Später hörten wir, dass man diese Art von Nordlicht „Kronennordlicht" nennt.

Dieses nächtliche lichterfüllte schweigende Weltall, das alle Strahlen in dem einen Stern im Zenit bündelt, ist mir immer ein unüberholbares Bild der erlösten Welt geblieben: einer Welt, die auf der einen Seite gekennzeichnet war durch das Elend der müden, ausgemergelten und durchfrorenen Soldaten, die sozusagen die Repräsentanten einer Menschheit waren, die durch Hybris und Hass in das Dunkel äußerster Not und Sinnlosigkeit geraten war, und darüber trotz allem dieser Hauch von Herrlichkeit, in dem alles Licht des Universums von einem Zentrum ausgeht und zu diesem Zentrum zurückkehrt, mit dem Herrschaftssymbol einer Krone, die unbeirrbar über alle Macht des Bösen siegt.

Mir ist beim Theologiestudium, vor allem bei Thomas von Aquin, dieses Nordlicht immer wieder eingefallen, weil er die „Gloria Dei", die Verherrlichung Gottes, als Sinnzentrum des Daseins darstellt.

Ich will bestimmt nicht leugnen, dass unser Glaube oft dunkel ist, Wandern im Schneesturm, wo man nur mühsam mit dem schwachen Kompass des Gewissens die Richtung einhält und ins Zelt der Geborgenheit die Kälte eindringt. Aber der Glaube ist auch Licht, und zwar ein Licht, das über Tod und menschlicher Armseligkeit die Krone ins Weltall setzt, die Krone dessen, von dem alle Strahlen wie vom Alpha ausgehen und zum Omega zusammenlaufen.

11. Station
Kitdalen (Lyngenfjord, Norwegen), Jänner 1945

Und deshalb war das Nordlicht für mich doch die positive Schlussbilanz beim Ausstieg – aus dem größten Wahnsinn der Weltgeschichte.

Die letzte Feldpostkarte

Irgendwo in einer Schublade ruhte sie vergraben, die Schachtel mit der alten Post, die man eigentlich nie mehr anschaut, weil das Wühlen in der Vergangenheit manchmal mehr Last als Vergnügen sein kann. In besagter Schachtel lag die fleckige Feldpostkarte ganz unten, genau genommen an vorletzter Stelle. Das war die Post, die noch in den Apriltagen des Jahres 1945 ausgetragen worden war, und sie stammte von meinem jüngeren Bruder. Er war zuletzt irgendwo in jener Gegend zwischen Oberschlesien und der ehemaligen Tschechoslowakei, wo das Heimatschloss Josephs von Eichendorff steht und wo man eigentlich vermuten möchte, dass immer ein Hauch von Wander- und Abendliedern über der Landschaft liegen müsste, wie wir sie aus den Liederbüchern unserer Kindheit und Jugend kannten. Und Eichendorff hatte es meinem Bruder besonders angetan. Die Werke dieses Dichters nahmen in der Bibliothek einen Ehrenplatz ein, und mein Bruder wollte sich wohl der Germanistik zuwenden. Und außerdem liegt an der Südmauer der Pfarrkirche von Innsbruck-Wilten, in der mein Bruder in schweren Verfolgungszeiten als Ministrantenboss tätig war, der Bruder Josephs von Eichendorff begraben …

Aber trotzdem – von den Gesängen Eichendorffs wird mein Bruder damals nicht viel mitbekommen haben, als in der genannten Gegend seine Einheit als letztes Aufgebot in die Schlacht geworfen wurde.

Von dort stammt die Karte.

2. April 1945. Liebe Mama, mach Dir ja keine Sorgen um mich. Eben habe ich bei der heiligen Messe, die ein Divisionspfarrer feierte, ministriert und vorgebetet wie da-

heim. Ich war auch bei der heiligen Kommunion. Wir sind in Gottes Hand. Es kann kommen, was will. Mit herzlichem Gruß, Dein Gottfried …"

Die Karte darunter war überhaupt die letzte Post, die im Krieg ausgetragen wurde. Sie kam vom Kompaniechef: „Verehrte Frau Stecher, ich muss Ihnen leider mitteilen, dass Ihr Sohn Gottfried am 4. April bei einem Gefecht gefallen ist …"

Vielleicht waren die beiden Karten der Grund, warum meine Mutter die Schachtel mit der alten Post so weit ins Eck der Schublade geschoben hatte. Sie hat sie nie mehr angeschaut. Aber immer wieder einmal hat sie gesagt, wie froh sie um den letzten Gruß ihres Jüngsten ist. Die vorletzte Karte ließe die letzte viel leichter ertragen …

Mir ist natürlich klar, dass dieses Schicksal hinter den beiden Karten nur eins von den Millionen Schicksalen ist, die damals über Menschen und Familien hereinbrachen, als der Tod mit Mähdreschern über Europa fuhr. Und da man ja in diesem verbrecherischen Krieg nicht die geringste Sinngebung erkennen konnte, wurde der Eindruck noch beklemmender, dass der Massentod dem Sterben des Menschen jede personale Würde zu nehmen schien, als ginge es um das Verenden von Ungeziefer, Fliegen oder Lemmingen.

Aber das, was auf dieser letzten Feldpostkarte meines Bruders steht, nimmt mir eigentlich diese bestürzende Vision von der rücksichtslosen, breiten Walze, die über Schlachtfelder und Konzentrationslager, über Flüchtlinge und brennende Städte fuhr, die Individuen unter sich begrabend, ihre Persönlichkeit, alle Träume und Lebens- entwürfe missachtend und alles in einen riesigen Brei der Verwesung einstampfend … Es ist doch nicht so. Es hat jeder seinen eigenen Tod, seine Stunde, gleichgül- tig ob in einem Krankenbett oder in

12. Station
Fjord von Trondheim, 4. Mai 1945

einem Schützengraben, auf der Straße oder auf der stillen Bank im Park. Es gibt immer und für jeden eine Liebe, die ihn nicht vergisst, und mit ihr auch eine umsorgte Todesstunde. Die Regie des großen Heils versagt nicht einmal in der Materialschlacht. Vielleicht tun Sie sich schwer, mir in diesem Vertrauen zu folgen. Aber ich glaube daran, weil ER es verheißen hat.

Und die zerknitterte Feldpostkarte ist nur ein Signal, ein kleiner Hinweis, dass es so ist. Wenn ich sie heute in die Hand nehme, sind über die vergessenen Gräber im ehemaligen österreichischen Oberschlesien schon längst die Grasnarben gewachsen.

Aber für mich singt dieser Kartengruß, Dokument einer unmenschlichen Zeit, doch ein heimliches Lied. Vielleicht doch eines von Eichendorff?

Der Soldat

Und wenn es einst dunkelt –
der Erd' bin ich satt –
durchs Abendrot funkelt
eine prächtige Stadt.
Von den goldenen Türmen
singet der Chor. –
Wir aber stürmen
das himmlische Tor.

Das Lateinbuch

Sie müssen sich das einmal vorstellen: Der Krieg ist zu Ende. Es ist alles vorbei. Vorbei die endlosen Märsche in die winterliche Polarnacht hinein und aus der Polarnacht heraus, vorbei die eiskalten Nächte in den Zelten, die Schneestürme, die Gefahr. Vorbei das ewige Wacheschieben und Hineinlauern in die Dunkelheit, die endlosen Langlaufspuren im Nordlicht. Vorbei das Elend der Verwundeten und das unaufhörliche Sterben rundherum. Vorbei der ideologische Wahnsinn, der das alles gebracht hat, die Macht der Gestapo und das Grauen der Lager. Der Mai zieht durch den Trondheim-Fjord, und wir gehen am blaugrünen Wasser spazieren, haben genug zu essen und lassen uns von der Frühlingssonne bescheinen. Am Tag der Kapitulation war ein U-Boot-Verpflegslager in der Nähe. Wir haben uns eingedeckt mit Herrlichkeiten, von denen wir nicht einmal zu träumen wagten. Die Engländer, die kaum sichtbar sind, behandeln uns mit größter Zuvorkommenheit. Ich bin ein Gefangener und habe mich seit Jahren nicht so frei gefühlt wie jetzt. Die Baracken mit den dreistöckigen Betten übereinander sind gegenüber dem, was wir bisher erlebt haben, ein Vier-Sterne-Hotel. Die Flugzeuge, die über den Fjord dahinziehen, haben keine Bombenlast mehr, und niemand schreit: Volle Deckung! Der einzige Wermutstropfen ist der Gedanke an die Heimat, von der wir nichts wissen und die in Not und Elend versinkt ... Aber trotzdem – rundherum singt für mich alles: die weißen Birken mit dem hellen Grün und der Fjord samt den blauen Bergen im Hintergrund, der Duft, der von der Lagerküche herüberzieht, und die so lange vermisste warme Sonne – alles singt: Das Leben beginnt!

Ich sitze auf einem Bretterstapel neben den Baracken, die für zwei- bis dreitausend Soldaten Platz bieten, und lass mich von diesen Gefühlen des Davongekommenseins und des Neuanfangendürfens überwältigen.

Da kommen meine zwei besten Freunde und setzen sich neben mich. In der letzten Schlacht sind wir drei beim Rest unseres Zuges gewesen. Und wir haben so viel miteinander erlebt und Ängste ausgestanden, dass wir diese Gemeinsamkeit nie mehr mit vielen Worten beschwören müssen. Aber jetzt haben die beiden doch etwas auf dem Herzen. Der eine war ein Tischler aus Schwaben und der andere ein Gärtner aus Kärnten. Und so rücken sie mit ihrem Plan heraus.

„Du", sagt der Gärtner, „jetzt sind wir für diese Idiotie fünf Jahre lang durch Blut und Dreck gegangen – für nichts und wieder nichts. Jetzt möchten wir noch etwas Vernünftiges tun. Wir wollen Priester werden. Bring uns Latein bei. Du bist ja Theologiestudent!"

Ich habe später im Leben viele Gespräche über geistliche Berufungen geführt, lange und umständliche Gespräche, die immer komplizierter und diffiziler wurden bis zum heutigen Tag. Dieses Gespräch war das einfachste von allen. Nach den vergangenen fünf Jahren musste man keine Fragen nach der Echtheit des Wunsches stellen, nach der rechten Gesinnung und dem im Leben bewährten Glauben. Darüber haben die gemeinsamen fünf Jahre mehr gesagt, als fünf Fachgutachten je aussagen können.

Ich gestehe, dass ich bewegt war. Ich hatte meinen Berufswunsch durch die ganze Zeit hindurch getragen – ich weiß selbst nicht, warum das ganze Chaos rundherum diese Absicht nie in Frage stellen konnte. Es war halt so. Wahrscheinlich muss jemand gebetet haben. Aber ich hätte nie erwartet, dass dieses Berufsziel „Priester" bei anderen neben mir auf-

13. Station
Heimfahrt, norwegischer Fjord, Herbst 1945

kommen könnte. Mit derartigen Zielen wusste man sich im Dritten Reich doch sehr isoliert – als offizieller „Blindgänger der Nation", wie man uns nannte.

Ich habe natürlich in der ersten freudigen Überraschung sofort zugesagt. Dann stiegen aber doch einige Bedenken auf. Die ersten Schwierigkeiten waren technischer Natur:

„Ihr müsst jetzt Briefpapier zusammenbetteln. Heimschreiben können wir sowieso nicht. Ein paar Bogen hab ich. Aber für die ganze Formenlehre und die Grammatik und eine Vokabelsammlung brauchen wir Papier, auch wenn wir ganz klein schreiben werden …"

Und dann wurde mir erst das inhaltliche Problem bewusst. Seit meiner Matura waren sechs Jahre vergangen. Das damalige Wissen war tief unter Granattrichtern, Schützenlöchern und der einzigen Sorge ums Überleben begraben. Die für die Wissenschaft reservierten Gehirnpartien mussten doch verkümmert sein. Werde ich das alles auswendig schaffen? Vielleicht geht's. Wir hatten noch eine Schule hinter uns, in der Auswendigkönnen in harten Formen eingeübt worden war. Aber – es wird schwierig werden.

Ich gehe in die Baracke zurück und setze mich an den wackeligen Tisch und versuche, die Konjugationen und Deklinationen aus dem Gedächtnis heraufzubeschwören, und fühle, wie da auch dunkle Räume des Vergessens aufsteigen. Ein wenig verzweifelt starre ich nach oben, zu den Dachbalken der Baracke.

Und plötzlich sehe ich es. Auf einem Balken droben liegt ein etwas verstaubtes Buch. Bücher gehören nicht zur Ausrüstung einer Kampftruppe. Im ganzen Lager gibt es kein Buch. Seit Jahren haben wir keines gesehen, wenn ich von meiner winzigen Feldbibel absehe.

Wer alles im Rucksack tragen muss, kann sich nicht mit Büchern beschweren. Und wo hätte es schon Zeit und Licht im nordischen Winterdunkel gegeben, damit man überhaupt zum Lesen gekommen wäre? Aber ein Buch ist Papier. Vielleicht sind einige leere oder nur einseitig bedruckte Seiten dabei, die wir verwenden können. Ich steige also hinauf und hol mir das Buch herunter, schlage es auf – und vor mir liegt: *„Lehrgang für die Reifeprüfung aus Latein"*!

Ich bin sprachlos. Ein Lateinbuch – das passt zu einer Kampfeinheit etwa so wie eine Flasche Eau de Cologne oder ein Essgeschirr aus Meißner Porzellan. Es ist unglaublich. Ich bin überzeugt, dass auf den mehr als tausend Kilometern von Trondheim bis Tromsö kein Lateinbuch herumliegt. Und dieses eine, das irgendjemand im Lager Verdal abgelegt hat, wartet in all den vielen Gefangenenlagern, den unzähligen Baracken, den vielen Winkeln und Balken ausgerechnet da droben auf mich, während draußen auf dem Bretterstapel meine Freunde hocken und ich hier herinnen sitze und verzweifelt nach den Resten klassischer Bildung in meinem Gedächtnis krame!

Ich habe es nie gewagt, diese Geschichte in einer Predigt zu verwenden. Ich musste immer fürchten, als Schwindler zu gelten. Es riecht doch zu sehr nach einer erbaulichen Erzählung in einem frommen Blättchen.

Aber es ist eben einfach so gewesen. Wir haben sofort zu lernen begonnen und Latein mit Hochdruck betrieben. Der Gärtner aus Kärnten konnte zu Hause gleich in den fünften Kurs Gymnasium eintreten. Er ist ein guter, treuer Seelsorger geworden. Zu meiner Bischofsweihe ist er gekommen. Wenige Wochen vor dieser Niederschrift bin ich an seinem Grab gestanden. Der andere wurde Missionar in Ostafrika. Auch ihn habe ich noch einmal sehen dürfen, bevor er in seinem geliebten Afrika in die Ewigkeit gegangen ist. Das Wiedersehen mit den beiden war eine wunderbare Stunde. Es war nicht sehr wortreich. Es gibt Formen des Verstehens, die keine langen Reden benötigen. Da gehen die Erinnerungen und Gemeinsamkeiten hinüber und herüber – ein kleines Stichwort genügt. Eines dieser Stichwörter war das Lateinbuch in Baracke 11 im Lager Verdal im Trondheim-Fjord.

Rationalistisch und aufgeklärt denkende Leute können natürlich von einem typischen Zufall sprechen, einer Laune des Schicksals, einer Portion Glück oder von „Schwein gehabt".

Sie haben in gewisser Weise Recht. Die zerfranste Schwarte auf dem Barackenbalken, die irgendwer beim Einpacken vergessen hat, hat kein Naturgesetz aufgehoben, also war's kein Wunder in dem Sinn, in dem viele „Wunder" verstehen.

Aber für uns war es doch viel mehr. Es war ein „Zeichen", ein wohlwollender Scherz des Himmels, ein Volltreffer der Vorsehung. Mit diesem Zeichen haben wir eine Stimme vernommen, die noch deutlicher war als der Frühling, der Friede und die Freiheit rund um uns und die uns zugeflüstert hat: „Habt Vertrauen, das Leben beginnt!"

Und darum bin ich in Stunden des Zweifels später oft mit meinen Gedanken zu dem Lateinbuch zurückgewandert. Wahrscheinlich gibt es nicht viele Lateinbücher mit spiritueller Ausstrahlung. Gymnasiasten werden das bestätigen. Hier ist es eben anders. Hinter diesem Lateinbuch stand mehr als eine Konjugation: amo, amas, amat … ich liebe, du liebst, er liebt … Da ist eine Liebe aufgeblüht im Ich und im Du, in uns drei Musketieren und vor allem die frohe Gewissheit des „amat" – Er liebt.

14. Station
Bahnhof Bregenz, 19. Oktober 1945, 4.00 Uhr –
wieder in Österreich

Pietät

Wenn ich in diesen Tagen im Fernsehen Heldengedenken in Österreich gesehen habe, in denen man mit großem Pathos so nach der Melodie „Ewig währt der Toten Tatenruhm" und gleichzeitig mit dem Unterton: „1945 ging das große Reich unter und es begann die Zeit der Knechtschaft" – dann muss ich aufpassen, dass ich bei solchem Tamtam nicht die priesterliche Milde verliere. Immerhin war ich viereinhalb Jahre in einer Kampfkompanie.

Da passte es gut, als ich durch einen reinen Zufall das Fernsehgerät einschaltete und auf irgendeinen deutschen Sender stieß. Weil es Naturaufnahmen waren, wie ich sie liebe, mit ruhigem Kameraschwenk über weite Landschaften, bin ich dabei geblieben. Es waren Bilder aus Nordrussland. Auch wenn mir die Gegend nur aus dem Winter vertraut war, wo alles in namenloser Kälte erstarrt war – und der Film das Land im Sommer zeigte –, für mich liegt über dieser Weltgegend immer so etwas wie ein Hauch von Schwermut, wie sie auch durch russische Musik und russische Literatur zieht. Aber die Bilder, die da am Fernsehschirm vorbeizogen, waren schön.

Plötzlich tauchte in der Sendung eine russische Dorfkirche auf. Und unwillkürlich weckte der Anblick in mir eine ferne Erinnerung. Allerdings sind sich unzählige russische Dorfkirchen ähnlich – mit den Kuppeldächern und dem Glockenturm. Aber dann erfasste die Kamera eine Brücke vor der Kirche. Jetzt wurde die Erinnerung deutlicher. Auf dieser damals winterlich verschneiten Brücke haben wir uns niederwerfen müssen, weil Bomben fielen.

Der Film ging weiter und schilderte die Arbeit junger Russen, die ihre Freizeit dafür hergaben, in den riesigen Wäldern die noch immer herumliegenden Reste gefallener Soldaten zu sammeln und dann würdig zu bestatten. Ein orthodoxer Priester segnete die Gräber. Man richtete die bei uns üblichen Kreuze auf und Andreaskreuze, wenn es sich um russische Soldaten handelte.

Ich war sehr bewegt von diesen jungen Menschen. Seit Jahrzehnten lagen die Gefallenen in den riesigen Wäldern. Das kommunistische Russland hatte ja etwas für heroische Denkmäler übrig gehabt, auf denen Soldaten mit wehenden Fahnen in heldischen Posen vorwärtsstürmen. Aber diese hier gezeigte schlichte Pietät, die dem einzelnen vergessenen, unbekannten Opfer galt und ihm sozusagen posthum eine verweigerte Würde wiedergeben wollte – das war nicht nach den Intentionen Stalins. Da war nach der Wende in Russland doch etwas anderes aufgebrochen, was tief in der Seele dieses Volkes schlummerte und nur ideologisch übertüncht war – eine warme Menschlichkeit!

Ich habe diese unbekannten jungen Menschen bewundert. Denn – abgesehen davon, dass das Einsammeln vermodernder Gebeine nicht gerade ein ästhetisch anregendes Hobby ist – ist es ja auch nicht ungefährlich. In diesen Wäldern liegen ja noch immer die Spuren des Krieges herum – verrostete Stahlhelme russischer und deutscher Herkunft, Seitengewehre, verrottetes Lederzeug, Patronengurte, Ausrüstungsgegenstände, Handgranaten und da und dort sicher ein Blindgänger. Die idealistischen Helfer mussten sicher vorsichtig sein.

Die Kamera zeigte immer wieder einzelne Fundstücke, die bei mir die Erinnerung an das Grauen aufsteigen ließen und den Gedanken an verdrängte menschliche Tragödien.

Auf einmal wurde unter verschiedenen Relikten ein kleines Metallplättchen gezeigt (die Soldaten nannten es die „Hundsmarke"), auf der die Blutgruppe und die Einheit des Trägers vermerkt waren. Es war nur einen Augenblick sichtbar – aber ich habe die Nummer meines Regiments erkannt. Der Bericht kreiste also wirklich um die Wälder westlich von Demjansk. Die Erinnerung an die kleine Dorfkirche und die Brücke hatte mich nicht getäuscht. Es muss der Fluss Lowat gewesen sein.

Nein, ich will nicht bei dem verweilen, was sich dort abgespielt hat. Ich richte meine Aufmerksamkeit auf diese jungen Studenten, Schüler und Arbeiter, die da an den Resten des Grauens nach Jahrzehnten der Gleichgültigkeit eine Geste der Pietät setzten, eine Rehabilitierung verräumter Menschenwürde an den sinnlos Erschlagenen des Krieges. Dass es so etwas überhaupt noch gibt! Es ist wie ein sanfter Frühlingswind über erstarrten Winterwäldern. Da bergen sie die armseligen Reste in Gräbern, errichten Kreuze, halten mit dem Popen ein kurzes Gedenken. Und rücken auf diese Weise dem allerschlimmsten Müllproblem der Weltgeschichte zu Leibe, das die Menschenwegwerfepoche hinterlassen hat.

Ich muss gestehen, dass mich die vielerorts erhaltenen Heldengedenkstätten mit dem verlogenen Pathos vorwärtsstürmender Soldaten mit wehenden Fahnen, gezogenem Säbel und verbissenen Gesichtern nie beeindruckt haben. Über diese Art von Heldenverehrung haben wir schon als Frontsoldaten gespottet. Aber die echte Pietät ist eine schöne Blume der Menschlichkeit.

Vielleicht könnte ein Kritiker der Meinung sein, dass diese posthumen Aktionen nur eine gutgemeinte, aber wirkungslose und zu spät gekommene Geste der Humanität seien. Ich glaube nicht, dass man das als bloße Gefühlsduselei abtun kann, die nichts mehr ungeschehen macht. In der echten Pietät gegenüber Kriegstoten liegt immer so etwas wie eine Neuentdeckung der Menschenwürde und ein Erwachen von Friedenswillen, ein Auslöschen von Fronten, nicht nur im Einebnen von Schützengräben und Bombentrichtern, sondern in den Herzen. Da werden die Stacheldrähte von Vorurteilen weggeräumt und die Hindernisse nationalistischer Engstirnigkeit – und es kommt zu einem Händereichen über Grenzen. Hasser üben keine Pietät!

Auch das Begräbnis von Golgotha war viel mehr als eine hilflose emotionale, bedauernde Geste. Für die Akteure, den reichen Grabbesitzer wie den Schriftgelehrten, war es ein Bekenntnis, eine energische Neuorientierung mit gesellschaftlichen Folgen. Die Szene der letzten Station des Kreuzweges, der Grablegung Jesu, ist nicht nur ein milder, nostalgischer Nachklang, sondern ein Aufbruch in Besinnung und Glaube.

Und das gilt auch für die bescheidenen Akteure in den russischen Wäldern. Und weil in der echten Pietät immer schon die Friedensglocken läuten, bin ich dem Schwarzen Kreuz für seine Aktivitäten dankbar. Und wenn unsere Jungschützen um Allerheiligen vor den Friedhofstoren stehen und für das Schwarze Kreuz sammeln, gebe ich gern.

Das Trauma

An sich dankt man als kleiner Soldat Gott, wenn man in einem schrecklichen Krieg nichts anderes zu tun hat, als vor einem Generalkommando auf Posten zu stehen und den hohen Herrn samt seinem zahlreichen Stab zu bewachen. Da steht man also vor einem Hotelportal mit dem imponierenden, aber hier völlig sinnlosen Stahlhelm, mit geschultertem Gewehr, breitbeinig und unbewegt, und lässt die Zeit verrinnen.

Aber man bleibt nicht ungestört.

Man muss als Wachposten vor jedem vorbeikommenden Offizier präsentieren. Das heißt, man nimmt Achtungsstellung ein, reißt das Gewehr herunter, sodass der Lauf genau vor der Nase steht, wendet den Kopf, schaut wieder geradeaus, hängt das Gewehr über und darf wieder breitbeinig stehen. So ist das Ritual, und es muss zentimetergenau durchgeführt werden, ohne jeden falschen Griff oder Wackler.

Vor einem Generalkommando ist viel Betrieb.

Zwei Hauptleute kommen vorbei – ich präsentiere.

Ein Oberstleutnant hastet heraus – ich präsentiere.

Ein Oberstabsarzt betritt das Hotel – ich präsentiere.

Ein Leutnant erwidert mit äußerst lässiger Handbewegung zur Kappe meinen exakten Gewehrgriff.

Zwei Stabsoffiziere plaudern vorbei – ich präsentiere. Sie sind ins Gespräch vertieft und bemerken mich gar nicht. Aber ich starre ihnen nach, schaue wieder geradeaus und werfe das Gewehr auf die Schulter.

Zunächst ist das eine harmlose Soldatenspielerei, die mit einem Spähtrupp oder einem Trommelfeuer nicht zu vergleichen ist. Aber wenn sich dieses Spiel in zwei Stunden ungefähr 60-mal wiederholt, kommt man sich vor wie ein Hampelmann.

Nun fährt das Auto mit dem Generaloberst vor. Ich schreie: „Ganze Wache heraustreten!" Und dann stehen wir zu viert und präsentieren. Der Generaloberst schreitet vorbei, mit Ritterkreuz und roten Streifen an den Hosen, und hebt ganz kurz die Hand zum Mützenschirm, während der Wachhabende seine Meldung herunterschreit. Der General verschwindet im Hotel.

Der Adjutant kommt wieder heraus – ich präsentiere.

Der Adjutant holt eine Aktentasche aus dem Auto und geht wieder hinein – ich präsentiere.

Der Adjutant kommt wieder heraus und geht zum Auto – ich präsentiere. Der Adjutant holt im Auto den Hund des Generals und geht mit ihm vorbei ins Hotel – ich präsentiere. Nicht einmal der Hund schaut her. Na ja, er gehört ja auch zum Stab.

Und so geht es weiter.

Bataillonskommandeure, ein Artillerieoberst, der Kommandant der Metzgereikompanie, ein Major der Luftwaffe – es nimmt kein Ende. Gewiss, es ist tausendmal besser als die Front – aber irgendwie wächst doch die Überzeugung, dass man so etwas sei wie der Depp der Nation.

Ein ganzes Menschenalter später bin ich im Rahmen der Weltbischofssynode in Rom, ganze vier Wochen lang. Mein Gesprächskreis, dem ich zugeteilt bin, tagt im eigentlichen Vatikan, also dem Palast des Papstes. Die Eingangspforte ist rechts hinter den Kolonnaden. Dort muss ich täglich viermal vorbei. Die Pforte wird von einem Posten der Schweizergarde mit Hellebarde und einem Feldwebel bewacht. Wenn

ein Bischof kommt (man muss dort natürlich im bischöf-
lichen Prachteinband erscheinen), schreit der Feldwebel:
„Achtung!" Dann steht der Schweizergardist stramm und
haut die Hellebarde auf den Marmorboden, dass es schep-
pert. Zu diesem sich oft wiederholenden kirchengeschicht-
lich bedeutsamen Ereignis sammeln sich Zuschauer aus allen
Erdteilen, zücken Fotoapparate und Filmkameras und hoffen,
dass möglichst bald wieder ein Bischof kommt. In Rom müssen sie da nicht lange warten. Bischöfe sind dort viel zahlrei-
cher als bei uns die Kapläne.

Ich erlebe also dieses Ritual.

Und auf einmal wird mir das alles schrecklich peinlich.
Ich sehe mich vor dem Hotelportal des Generalkommandos
mit der dauernden Präsentiererei. Und jetzt bin also ich der
General, und da muss einer wegen mir strammstehen und mit
der Hellebarde hantieren. Es wird für mich so belastend, dass
ich am zweiten Tag auf den Feldwebel zugehe:

„Herr Feldwebel", sage ich, „ich bin selbst fünfeinhalb
Jahre Soldat gewesen und musste vor den hohen Herren als
Posten stundenlang präsentieren. Die Sache hier ist mir peinlich. Ich m u s s ja täglich mehrmals hier aus und ein – wäre
es nicht genug, wenn mir die Wache am Morgen die Reverenz
erwiese – und damit könnten wir es gut sein lassen …"

Da ergriff der Posten mit der Hellebarde das Wort und sagte mit unverkennbar innerschweizerischem Tonfall:

„Haben Sie eine Ahnung, wie ich froh bin, wenn ich mich
bewegen kann!"

Nachwort

Bedenke das Vergangene,
lerne aus der Geschichte!

Dieses Bibelwort machte Reinhold Stecher in seinen frühen
Bischofsjahren zum Motto eines vielbeachteten Vortrages an
der Theologischen Fakultät der Universität Innsbruck.
Wir gedenken heuer der Beendigung des Ersten Weltkrieges
1918 und der Übernahme der Macht in Österreich durch die
Nationalsozialisten 1938, worauf der Zweite Weltkrieg ent-
brannte mit Millionen und Abermillionen Toten, mit schrecklichen Verheerungen der Landschaft und Vernichtung kostbaren Wirtschafts- und Kulturgutes.

Beim Einmarsch der deutschen Truppen in Österreich war
Reinhold Stecher 17 Jahre alt. Nach der Matura wurde er für
acht Monate zum gefürchteten Reichsarbeitsdienst einberu-
fen. Im November 1939 trat er ins Priesterseminar ein. Zu
Ostern 1941 wurde er verhaftet und verbrachte zweieinhalb
Monate in Gestapo-Haft wegen einer unerlaubten Wallfahrt
nach Maria Waldrast. Wie durch ein Wunder entkam er dem
bereits angekündigten Abtransport ins KZ. Am 1. September
1941 wurde er für die gesamte Dauer des Krieges zum Mili-
tärdienst an der Ostfront eingezogen.

Was er damals erlebte, hat er immer wieder in Einzelarti-
keln niedergeschrieben und in seinen Büchern veröffentlicht.
Nunmehr wurden diese Texte chronologisch zusammenge-
fasst. Wie sehr ihn seine Erlebnisse erschütterten, zeigt sein
berührender Bilderzyklus „14 Stationen", der erstmalig in
diesem Buch veröffentlicht wird. Nach dem Krieg wieder
heimgekommen, wuchs in ihm die Sehnsucht nach einem

vereinten Europa, in dem es keinen Krieg mehr geben würde. Die Gegenwart im Blick mahnte Reinhold Stecher die Zeitgenossen mit folgendem Appell:

„Uns sollte aus den bisherigen Erfahrungen eine größere Sensibilität für Fehlentwicklungen der Vergangenheit und lauernde Gefahren der Gegenwart erwachsen, eine Sensibilität, die nicht nur dann reagiert, wenn irgendein Dummkopf in der Straßenbahn ‚Sieg Heil' schreit, sondern auch in den höheren Etagen der Tagespolitik, bei Parteilaufbahnen und parlamentarischen Spielen."

Innsbruck, im Sommer 2018   Paul Ladurner